# LA VUELTA
# AL MUNDO EN 80 DIAS

Julio Verne

**PANAMERICANA**
E D I T O R I A L

**Editor**
Panamericana Editorial Ltda.

**Dirección editorial**
Conrado Zuluaga

**Edición**
Gabriel Silva Rincón

**Diseño de carátula**
Diego Martínez Celis

**Novena reimpresión**, noviembre de 2007
Primera edición en Panamericana Editorial Ltda., mayo de 1994
© Panamericana Editorial Ltda.
Calle 12 No. 34-20, Tels.: 3603077 - 2770100
Fax: (57 1) 2373805
Correo electrónico: panaedit@panamericanaeditorial.com
www.panamericanaeditorial.com
Bogotá D. C., Colombia

ISBN 978-958-30-0074-4

Impreso por Panamericana Formas e Impresos S. A.
Calle 65 No. 95-28, Tels.: 4302110 - 4300355, Fax: (57 1) 2763008
Bogotá D. C., Colombia
Quien sólo actúa como impresor.

Impreso en Colombia                    Printed in Colombia

# CONTENIDO

# PROLOGO

Dentro de la extensa obra del francés Julio Verne se destaca *La vuelta al mundo en 80 días* como una interesante narración de aventuras donde la fantasía se conjuga con la crónica, que describe situaciones de la vida real, para viajar junto con sus dos protagonistas Phileas Fogg y Passepartout, por interesantes y exóticos lugares de la Tierra. Y es la Tierra como personaje un elemento digno de destacar en esta obra, ella se autonarra, se explicita, cuenta las aventuras y las características de los hombres que merodean la mitad de su superficie durante el día con inquietante insistencia, mientras que quienes habitan la otra porción, reposan en sospechosa calma. Y es que, haciendo justicia es la Tierra la verdadera protagonista de esta obra, pues es la figura básica de la aventura.

Conocer el mundo, el espacio que la rodea y le permite desarrollarse, es una de las principales preocupaciones que invaden la mente de aquellos hombres que trascienden su entorno y se sienten ciudadanos del universo. Verne era uno de ellos, sus obras no se limitan a explorar mundos ficticios ni las profundas cavernas donde a veces se oculta la razón humana, ellas también no hablan de lo diario, quieren enseñarnos que sobre la Tierra nadie se encuentra absolutamente solo y que por ello para el hombre que pretende encontrarse a sí mismo es muy importante iniciar su búsqueda por caminos ya trazados por otros. La aventura de recorrer el mundo en un tiempo límite parte del reto puesto sobre el tapete de la mesa de juego por los contertulios del Reform Club a Phileas Fogg, hombre extraordinariamente adinerado, dueño de fortuna cuyo origen todos ignoran, soltero y sobrio, ordenado y absoluto esclavo del reloj. Su sicopatía lo lleva a despedir a su ayudante de cámara contratando para este trabajo a Passepartout, francés que encuentra en su jefe al ideal de patrón.

Pero no sólo la aventura caracteriza a *La vuelta al mundo en 80 días*; Verne, consciente de las exigencias de un lector adulto, también incluye el suspenso mediante la inclusión en la anécdota del robo de un banco donde el principal sospechoso es precisamente Fogg, así el viaje adquiere una especial tensión ya que durante gran parte del trayecto se ven perseguidos por un detective encargado del caso. En esta obra también se puede notar el gran afán de Verne por el rescate de valores que como el de la confianza se ha perdido, demostrando que todo propósito ha de enfrentarse sin desmayar para así lograr cumplir las diferentes metas que tanto perseguimos durante la vida.

En cuanto a la construcción narrativa de la obra, se debe resaltar el manejo del tiempo pues cuando la situación descrita se caracteriza por un gran transcurso de tiempo, la narración es bastante ágil, mientras que cuando los minutos escasean, Verne se detiene en el detalle. Tal como se señalaba anteriormente, paralelo a la novela de aventuras se desarrolla una policiaca, tal vez fue este el motivo por el cual Verne decidió intentar una narración que superara aquella lineal que caracteriza a sus obras más conocidas. Precisamente este intento anticipa la posterior narrativa en lengua inglesa –Hemingway y Capote– maestros de la crónica que permiten al autor sumergirse en el texto, sin tropiezos lingüísticos y sin divagaciones. Queda entonces hecha la invitación a recorrer el mundo en compañía de Fogg y su fiel criado.

*El Editor*

# I

## Phileas Fogg y Passepartout se aceptan como amo el primero y como criado el segundo

En el año 1872, la casa número 7 de la calle Saville Row, en Burlington Gardens —en la que murió Sheridan en 1816—, estaba habitada por Phileas Fogg, uno de los socios más singulares y notables del Reform-Club de Londres, aunque pareciese tener el propósito de no llamar la atención.

Así, pues, este Phileas Fogg sucedía a uno de los más grandes oradores que honran a Inglaterra. Era un personaje enigmático, de quien nada se sabía, excepto que se trataba de un hombre muy cortés y uno de los caballeros más gallardos de la alta sociedad inglesa.

Decíase que tenía cierta semejanza con lord Byron —en lo que respecta a su testa, pues no tenía ningún defecto en los pies—, pero un Byron con patillas y bigotes, un Byron impasible, que habría vivido mil años sin envejecer.

Inglés, no cabe duda, Phileas Fogg tal vez no era londinense. Nunca había sido advertido en la Bolsa, ni en el Banco, ni en ninguna oficina de la City. En el puerto de Londres no había entrado nunca un buque cuyo armador fuera Phileas Fogg. No figuraba en ningún Consejo de Administración; su nombre no había sonado nunca en ningún colegio de abogados, ni en el Templete, ni en Lincoln's Inn, ni en Gray's Inn. Nunca pleiteó ante el Tribunal de Justicia, ni en el Banco de la Reina, ni en el Echiquier, ni en ningún tribunal eclesiástico. No era industrial, ni comerciante, ni mercader, ni agricultor. No formaba parte del Instituto Real de la Gran Bretaña, ni del Instituto de Londres, ni del Instituto de Artesanos, ni del Instituto de Derecho, ni de este Instituto de Artes y Ciencias Reunidos que está bajo la protección directa de Su Graciosa Majestad. En una palabra, no pertenecía a ninguna de las numerosas sociedades que pululan en la capital de Inglaterra, desde la Sociedad de la Armónica hasta la Sociedad Entomológica, fundada especialmente para destruir a los insectos nocivos.

Phileas Fogg era socio del Reform-Club, he aquí todo. Al que se extrañase de que un caballero tan misterioso figurara entre los miembros de esta honorable sociedad, se le podría contestar que fue recomendado por los hermanos Baring, en cuyo Banco poseía una buena cuenta corriente. De ahí que su reputación se debiese, en cierta manera, al hecho de que sus cheques eran pagados con regularidad contra el débito de su cuenta corriente, invariablemente acreedora.

Este Phileas Fogg, ¿era rico? No cabía la menor duda de ello. Pero ¿cómo había hecho su fortuna? ni los mejor informados sabían, y Fogg era el último a quien se le podía preguntar. En todo caso, sin ser avaro, tampoco se le podía tildar de pródigo. Cuando se requería un auxilio para algo noble, útil o generoso, lo daba silenciosamente e incluso de manera anónima.

En resumen, nadie menos comunicativo que este caballero. Hablaba lo menos posible y su silencio lo hacía parecer más misterioso aún. Su vida nada ocultaba, pero lo que hacía era tan matemáticamente regular, que la imaginación, descontenta, buscaba lo que pudiera haber detrás.

¿Había viajado? Era probable, porque nadie conocía mejor que él el mapa del mundo. No había sitio, por muy lejano que fuera, del que él no pudiera dar noticias. A veces, pero siempre con pocas palabras, breves y claras, desvirtuaba las noticias que circulaban por el Club acerca de viajeros perdidos o extraviados; indicaba las verdaderas probabilidades y sus palabras parecían a menudo inspiradas por una videncia que los hechos se encargaban de confirmar siempre. Era un hombre que debía haber viajado por todas partes, por lo menos en espíritu.

Sin embargo, lo cierto es que, desde hacía muchos años, Phileas Fogg no había abandonado Londres. Los que tenían el honor de conocerlo un poco más que los otros atestiguaban que, salvo en el camino que habitualmente recorría para ir de su casa al Club, nadie podía asegurar haberlo visto en otra parte. Su único pasatiempo consistía en leer periódicos y jugar al whist. En este silencioso juego, tan apropiado a su carácter, ganaba a menudo, pero sus ganancias no entraban nunca en sus bolsillos, ya que figuraban, por una importante suma, en su presupuesto de beneficencia. Por otra parte, preciso es hacerlo constar, Fogg jugaba evidentemente por el placer de jugar, nunca con fines de lucro. El juego era para él un combate, una lucha contra una dificultad, pero una lucha sin agitación, sin desplazamientos, sin fatiga, cosa que se avenía perfectamente con su modo de ser.

No se le conocían ni mujer, ni hijos, ni parientes —cosa que puede acontecer a la persona más honrada—, ni amigos, lo que, en verdad, ya es más raro. Phileas Fogg vivía solo en su mansión de Saville Row, donde no entraba nadie. Nunca se ocupaba de su casa. Un solo criado le bastaba. Almorzando y comiendo en el Club a horas estrictamente fijadas, en la misma sala, en la misma mesa, sin tratar con sus colegas ni convidar nunca a ningún extraño, no se retiraba a su casa más que para dormir, a medianoche en punto, sin utilizar jamás las cómodas habitaciones que el Reform-Club pone a disposición de sus socios. De las veinticuatro horas del día, diez las pasaba en su casa, durmiendo u ocupado en su atavío. Si se paseaba, lo hacía invariablemente por el vestíbulo entarimado o por la galería circular, encima de la cual había una cúpula con vidrieras azules, sostenida por veinte columnas jónicas de pórfido rojo. Cuando cenaba o almorzaba, eran las cocinas, la despensa, la repostería, la pescadería y la lechería del Club las que suministraban a su mesa sus más suculentas reservas; eran los criados del Club, graves personajes vestidos de negro, calzados con zapatos de suela de fieltro, los que le servían en una vajilla de porcelana especial, que se colocaba sobre magníficas mantelerías de tela sajona; eran las preciosas cristalerías del Club las que servían su jerez, su oporto o su clarete mezclado con canela, culantrillo o cinamomo; era, en fin, el hielo del Club -traído con grandes gastos de los lagos de los Estados Unidos- el que conservaba sus bebidas a un satisfactorio punto de frescor.

Si vivir de esta manera es ser excéntrico, hay que convenir en que la excentricidad tiene sus ventajas.

La casa de Saville Row, sin ser suntuosa, se caracterizaba por su extrema comodidad. Por otra parte debido a los hábitos invariables del inquilino, el servicio era mínimo. Sin embargo, Phileas Fogg exigía de su único criado una puntualidad, una regularidad extraordinaria. Aquel mismo día, el dos de octubre, Phileas Fogg había despedido a James Forster -por haberle llevado el agua para afeitarse a ochenta y cuatro grados Farenheit en lugar de ochenta y seis- y esperaba a su sucesor, que debía presentarse entre once y once y media.

Phileas Fogg, cómodamente sentado en su sillón, con los pies juntos como un soldado en formación, las manos apoyadas sobre las rodillas, el cuerpo erguido, levantada la cabeza, contemplaba la marcha de la aguja del reloj de péndulo, complicado aparato que señalaba las horas, los minutos, los segundos, los días y el año. Al dar las once y media, Fogg debía, siguiendo su cotidiana costumbre, abandonar la casa para dirigirse al Reform-Club.

En aquel momento llamaron a la puerta del saloncito donde Phileas Fogg se encontraba.

James Forster, el criado despedido, apareció.

—El nuevo criado —anunció.

Un mozo de unos treinta años apareció, saludando.

—¿Es usted francés y se llama John?— le preguntó Phileas Fogg.

—Jean, para servirlo —contestó el recién llegado—. Jean Passepartout, un apodo que me ha quedado y que justifica mi aptitud natural para salir de los apuros. Creo ser un muchacho honrado, señor, aunque, para serle franco, he de decirle que he tenido varios oficios. He sido cantor ambulante, artista en un circo ecuestre, dando saltos como léotard y bailando en la cuerda floja como Blondin; después me dediqué a profesor de gimnasia, a fin de hacer útiles mis habilidades y por último, fui sargento de bomberos en París. En mi historial constan algunos notables incendios. Pero abandoné Francia hace cinco años y, deseoso de conocer la vida de familia, soy ayuda de cámara en Inglaterra. Hallándome sin ocupación y habiendo sabido que el señor Phileas Fogg era el hombre más metódico y sedentario del Reino Unido, me he presentado en su casa con la esperanza de vivir tranquilo en ella y olvidar hasta el apodo de Passepartout.

—Passepartout me conviene —contestó el caballero—. Me ha sido usted recomendado. Tengo buenos informes sobre su conducta. ¿Conoce usted las condiciones?

—Sí señor.

—Bien. ¿Qué hora tiene usted?

—Las once y veintidós —contestó Passepartout, sacando de las profundidades del bolsillo de su chaleco un enorme reloj de plata.

—Va usted retrasado —dijo Fogg.

—Que el señor me perdone, pero es imposible.

—Lleva usted un atraso de cuatro minutos. Pero no importa. Basta con haber registrado la diferencia. Así, pues, a partir de este momento, las once y veintinueve de la mañana del miércoles 2 de octubre de 1872, entra usted a mi servicio.

Dicho esto, Phileas Fogg se levantó, cogió con la mano izquierda su sombrero, lo colocó sobre su cabeza con un movimiento de autómata y, sin añadir palabra desapareció.

Passepartout oyó por primera vez cerrarse la puerta de la calle. Era su nuevo amo que acababa de salir. Después escuchó al mismo ruido otra vez. Era su predecesor, James Forster, que también se marchaba.

Passepartout se quedó solo en la casa de Saville Row.

## II

### Donde Passepartout se convence de que ha encontrado por fin su ideal

A fe mía –díjose Passepartout, un poco aturdido al principio– en casa de madame Tussaud conocí a algunos personajes tan animados como mi nuevo amo.

Conviene decir que los "personajes" de madame Tussaud son unas figuras de cera, muy visitadas en Londres, a las que realmente no les falta más que el don de la palabra.

Durante la corta entrevista que acababa de tener con Phileas Fogg, Passepartout había examinado, rápida y cuidadosamente a su futuro amo. Era un hombre que podía tener cuarenta años, de figura noble y gallarda, alto, con cierta tendencia a la obesidad, cabellos rubios y patillas, frente tersa sin arrugas en las sienes, de rostro más bien pálido que sonrosado y magnífica dentadura. Parecía poseer en el más alto grado lo que los fisonomistas llaman "el reposo en la acción", facultad común a todos los que trabajan sin hacer ruido. Tranquilo, flemático, clara la mirada, inmóviles los párpados, era el tipo cabal de esos ingleses impasibles que se encuentran tan a menudo en el Reino Unido y cuya aptitud algo académica ha sido tan maravillosamente reproducida por el pincel de Angélica Kauffmann. A juzgar por los diversos actos de su existencia, ese caballero daba la impresión de un ser muy equilibrado en todas sus partes, justamente ponderado, tan perfecto como un cronómetro de Leroy o de Earnshaw, ya que, en efecto, Phileas Fogg era la exactitud personificada como se advertía claramente en "la expresión de sus pies y de sus manos", puesto que, en el hombre, como en los animales, las extremidades son órganos expresivos de las emociones.

Phileas Fogg era uno de esos hombres matemáticamente exactos que, sin precipitarse pero siempre dispuesto, economizan sus pasos y sus movimientos. Nunca daba un paso de más y tomaba siempre un atajo. No perdía una mirada para clavarla en el techo. No se permitía ningún gesto superfluo. Nadie lo había visto nunca emocionado o inquieto. Era el hombre menos apresurado del mundo, pero siempre llegaba a tiempo. Se comprenderá, pues, que viviese siempre solo y, por decirlo así, al margen de toda relación social. Sabía que en el trato con la gente se requiere cierto frotamiento o roce, y como éste frena no se rozaba con nadie.

En cuanto Jean, llamado Passepartout, un verdadero parisiense, durante los cinco años que llevaba viviendo en Inglaterra haciendo de ayuda de cámara en Londres, había buscado en vano un amo con quien pudiera encariñarse.

Passepartout no era uno de esos Frontin o Mascarille que, con la cabeza alta, cuadrados los hombros y dura e impertinente la mirada, no son más que unos redomados pillos. No. Passepartout era un honrado muchacho de agradable rostro, labios algo salientes, siempre dispuesto a catar o a acariciar, un ser dulce y servicial, con una de esas redondas cabezas que siempre nos gusta encontrar sobre las espaldas de un amigo. Tenía los ojos azules, la tez colorada, el rostro bastante lleno para que se pudieran asomar sus pómulos, el pecho ancho, robusto, músculos vigorosos y una fuerza hercúlea, que los ejercicios de su juventud habían desarrollado admirablemente. Sus cabellos castaños estaban siempre algo enmarañados. Si los escultores de la antigüedad conocían dieciocho maneras de peinar la caballera de Minerva, Passepartout no conocía más que una para arreglar la suya: tres golpes de peine, y ya estaba peinado.

Anticipar si el carácter abierto de este muchacho se avendría con el de Phileas Fogg, es algo que la más elemental prudencia no permite hacer. ¿Sería Passepartout el criado puntual y exacto que necesitaba su amo? El tiempo lo dirá. Después de haber tenido, como sabemos, una juventud bastante movida, aspiraba al reposo. Habiendo oído hablar del metodismo inglés y de la frialdad proverbial de los gentlemen, fue a buscar fortuna a Inglaterra. Pero hasta entonces, la suerte no lo había favorecido. No le había sido posible echar raíces en ninguna parte. Había servido en diez casas, pero en todas ellas los amos eran caprichosos, de humor variable, aficionados a correr aventuras o a viajar, lo que no convenía a Passepartout. Su último amo, el joven lord Longsferry, miembro del parlamento, después de pasar las noches en los **oyster-rooms** de Haymarket, regresaba demasiado a menudo a su domicilio a hombros de los agentes de policía. Passepartout deseoso ante todo de respetar la dignidad de su amo, arriesgó algunas discretas observaciones, que fueron mal recibidas, y rompió con él. Mientras tanto, se enteró de que Phileas Fogg buscaba criado. Se informó sobre el caballero. Un personaje cuya existencia era tan regular, que no dormía fuera de casa, que no viajaba, no se ausentaba nunca, ni un solo día, no podía menos que convenirle. Así, pues, se presentó y fue admitido en las circunstancias que conocemos.

Al dar las once y media, Passepartout se encontraba solo, en la casa de Saville Row. Comenzó la inspección de la misma en el acto. La recorrió desde la bodega al tejado. Aquella casa limpia, arreglada, severa, puritana bien organizada para el servicio, le gustó. Le causó el efecto de una hermosa concha de caracol, pero una concha alumbrada y calentada por gas, ya que el hidrógeno carburado proveía a todas las necesidades de luz y calor. Passepartout encontró sin gran esfuerzo, en el segundo piso, la habitación que le estaba destinada. Le agradó. Timbres eléctricos y tubos acústicos le ponían en comunicación con las habitaciones del entresuelo y del primer piso. Sobre la repisa de la chimenea, un reloj eléctrico comunicaba con el del dormitorio de Phileas Fogg, y los dos aparatos marcaban exactamente el mismo segundo.

—Esto me gusta, esto me gusta —se dijo Passepartout.

Se fijó también en una nota fijada en una tablilla colocada en su habitación, encima del reloj. Se trataba del programa del servicio cotidiano. Comprendía, a partir de las ocho de la mañana, hora reglamentaria en que se levantaba Phileas Fogg, hasta las once y media, en que salía de su casa para ir a almorzar al club, dando todos los detalles del servicio: el té con tostadas a las ocho y veintitrés, el agua para el afeitado a las nueve y treinta y siete, el peinado a las diez menos veinte, etc. Luego, desde las once y media de la mañana hasta media noche –hora en que el metódico caballero se acostaba—, todo estaba anotado, previsto, regularizado. Passepartout pasó un rato agradable meditando acerca de ese programa y grabando e su memoria los diversos artículos de que constaba.

En cuanto al guardarropa del señor, estaba muy bien dispuesto y maravillosamente ordenado. Cada pantalón, chaqueta o chaleco llevaba un número de orden reproducido en un registro de entrada y salida, indicando la fecha en que, según la estación, los vestidos debían ser usados. La misma reglamentación rezaba para el calzado.

Resumiendo en la casa de Saville Row —que debió ser el templo del desorden en la época del ilustre pero disipado Sheridan— el confortable amueblado denunciaba una bella prosperidad. No había biblioteca, ni libros, que hubieran carecido para Fogg, ya que el Reform-Club ponía a su disposición dos bibliotecas: una consagrada a la literatura y la otra al derecho y a la política. En el dormitorio había una pequeña caja fuerte, cuya construcción especial la defendía tanto del incendio como del robo. No se encontraba ninguna arma en la casa, ni ningún utensilio de caza o de guerra. Todo indicaba los hábitos más pacíficos. Después de haber examinado detenidamente la morada, Passepartout se frotó las manos y repitió alegremente:

—¡Esto me gusta! ¡Me conviene! El señor Fogg y yo nos entenderemos perfectamente. Se trata de un hombre casero y de hábitos regulares. ¡Una verdadera máquina! Pero no me desagrada servir a una máquina.

## III

### En el que se entabla una conversación que puede costar cara a Phileas Fogg

Phileas Fogg había salido de su casa de Saville Row a las once y media y, después de haber puesto quinientas setenta y cinco veces su pie derecho delante de su pie izquierdo, llegó al Reform-Club, vasto edificio que se levanta en Pall Mall y que no costó menos de tres millones.

Phileas Fogg se dirigió inmediatamente al comedor, cuyas nueve ventanas daban a un hermoso jardín cuyos árboles doraba ya el otoño. Tomó asiento en su mesa de costumbre preparada ya. Su almuerzo se componía de un entremés, pescado hervido sazonado con una excelente salsa, **roast-beef** escarlata relleno de ruibarbo y de grosellas verdes y un pedazo de chester, todo ello rociado con unas tazas de excelente té, especialmente preparado para el Reform-Club.

A las doce y cuarenta y siete, nuestro caballero se levantó y dirigióse al salón, suntuosa pieza adornada de pinturas lujosamente enmarcadas. Allí, un criado le entregó el **Times** sin cortar, cosa que Phileas Fogg hizo con una mano segura que indicaba la larga práctica que tenía en efectuar esta difícil operación. La lectura del periódico ocupó a Phileas Fogg hasta las tres y cuarenta y cinco, y la del **Standard**, que vino luego, duró hasta la comida, que se verificó en las mismas condiciones que el almuerzo con adición de una Salsa Real Inglesa.

A las seis menos veinte el caballero reapareció en el gran salón y se entregó a la lectura de **Morning-Chronicle**.

Media hora más tarde entraron varios socios del Club y se acercaron a la chimenea, donde ardía un fuego de hulla. Eran los contertulios de Phileas Fogg, tan empedernidos jugadores de whist como él: el ingeniero Andrew Stuart, los banqueros John Sullivan y Samuel Fallentin, el fabricante de cerveza Thomas Flanagan y Gauthier Ralph, uno de los administradores del Banco de Inglaterra, personajes ricos y considerados, incluso en aquel Club, que cuenta entre sus miembros a las eminencias de la industria y las finanzas.

—¿Qué sabe usted, Ralph —preguntó Thomas Flanagan— de esta historia de robo?

—Creo que el banco perderá su dinero —contestó Andrew Stuart.

—Yo espero, por el contrario —dijo Gauthier Ralph—, que echaremos mano al autor del robo. Hábiles inspectores de policía han sido enviados a los principales puertos de tránsito de América y Europa, y a ese caballero le será difícil escapar.

—Pero, ¿se conoce la afiliación del ladrón? —preguntó Andrew Stuart.

—Ante todo, no se trata de un ladrón —contestó seriamente Gauthier Ralph.

—¡Cómo! ¿no es un ladrón el que ha sustraído cincuenta y cinco mil libras en billetes de banco?

—No —contestó Gauthier Ralph.

—¿Se trata, pues, de un industrial? —dijo John Sullivan. El **Morning-Chronicle** asegura que se trata de un caballero.

El que hizo esta afirmación no era otro que Phileas Fogg, cuya cabeza emergió del mar de papel que lo rodeaba. Al mismo tiempo, Fogg saludó a sus amigos, que correspondieron a su saludo.

El hecho en cuestión, y que los diversos periódicos de Inglaterra discutían con calor, había ocurrido tres días antes, el veintinueve de Septiembre. Un fajo de billetes de banco, que ascendía a la enorme suma de cincuenta y cinco mil libras esterlinas, había sido sustraído de la mesa del cajero del Banco de Inglaterra.

A los que se extrañaba de que tal robo hubiera podido perpetrarse tan fácilmente, el subgobernador Gauthier Ralph se limitaba a contestar que, en el momento de la sustracción, el cajero estaba ocupado en registrar una entrada de tres chelines y seis peniques y que no era posible tener puesto el ojo en todo.

Pero interesa observar —y esto puede contribuir a explicar el hecho— que ese admirable establecimiento que es el Banco de Inglaterra parece preocuparse mucho de la dignidad del público. Nada de guardias, rejas ni ordenanzas. El oro, la plata, los billetes están expuestos libremente, por decirlo así, y a merced del primero que llegue. No podría ponerse en tela de juicio la honorabilidad de un transeúnte cualquiera. Uno de los más notables observadores de las costumbres inglesas refiere lo siguiente: en una de las salas del Banco donde se encontraba un día, tuvo la curiosidad de examinar de cerca un lingote de oro que pesaba siete u ocho libras y estaba sobre la mesa del cajero; lo tomó, lo examinó, pasó de una mano a otra, fue hasta el final de un oscuro pasillo y regresó a su primitivo sitio, al cabo de media hora, sin que el cajero hubiese ni siquiera levantado la cabeza.

Pero el 29 de Septiembre las cosas sucedieron de una manera muy distinta. El fajo de billetes de banco no regresó, y cuando el magnífico reloj situado encima del **drawing office** señaló a las cinco el cierre de las oficinas, el Banco de Inglaterra hubo de asentar en la cuenta de pérdidas y ganancias la cantidad de cincuenta y cinco mil libras.

Advertido y comprobado el robo, se mandaron policías, escogidos, entre los más hábiles a los principales puertos: Liverpool, Glasgow, El Havre, Suez, Brindisi, Nueva York, etc.; con la promesa, en caso de éxito de una prima, de dos mil libras y un cinco por ciento de la suma que se recuperase. La misión de estos policías se reducía por el momento a observar minuciosamente a todos los viajeros que llegaban o partían, mientras esperaban los informes que se conseguirían de la encuesta que había comenzado a practicarse inmediatamente.

Ello hacía suponer, según afirma el **Morning-Chronicle**, que el ladrón no formaba parte de ninguna de las bandas de ladrones de Inglaterra. Durante el día 29 de septiembre, un caballero bien vestido, de maneras agradables y porte distinguido, había sido visto en el departamento de pagos del Banco, escenario del robo. La encuesta había permitido reconstruir bastante exactamente la filiación de ese caballero, la cual había sido enviada inmediatamente a todos los detectives del Reino Unido y del continente. Algunas buenas almas —entre ellas Gauthier Ralph— confiaba en que el ladrón no podría escapar.

Como puede suponerse, el hecho estaba a la orden del día en Londres y en toda Inglaterra. Se discutía sobre el robo, la gente se apasionaba en pro o en contra de las probabilidades de éxito que tenía la policía metropolitana. No hay que extrañar, pues, que los socios del Reform-Club discutiesen del mismo suceso, y con mayor motivo cuanto que entre ellos se encontraba uno de los subgobernadores del Banco de Inglaterra.

El honorable Gauthier Ralph no quería dudar de los resultados de las pesquisas, porque consideraba que la prima ofrecida espolearía singularmente al celo y la inteligencia de los agentes de policía. Pero su colega, Andrew Stuart, estaba muy lejos de compartir esta confianza. La discusión, pues, continuó entre estos caballeros, que se hallaban sentados ante una mesa de **Whist**: Stuart frente a Flanagan, Fallentin frente a Phileas Fogg. Durante la partida, los jugadores no hablaban, pero cuando aquella terminaba, la conversación interrumpida se reanudaba con animación.

—Yo sostengo —dijo Andrew Stuart— que las ventajas están con el ladrón, quien debe ser un hombre muy hábil.

—¡Ca! No puede refugiarse en ningún país —contestó Ralph—.

—No soy de su opinión.

—¿A dónde quiere usted que vaya?

—No lo sé —contestó Andrew Stuart—; pero, después de todo, la Tierra es bastante grande.

—Lo era en otro tiempo —dijo en voz baja Phileas Fogg—. Y añadió, presentando las cartas a Thomas Flanagan: Usted corta, señor.

La discusión se interrumpió durante la partida. Pero pronto Andrew Stuart la reanudó diciendo:

—Por qué dice usted que lo era en otro tiempo? Acaso la Tierra ha disminuido de tamaño?

—Sin duda —respondió Gauthier Ralph—. Comparto la opinión del señor Fogg. La Tierra es más pequeña, puesto que ahora puede ser recorrida diez veces más de prisa que hace cien años. Y esto es lo que hará que, en el caso que nos ocupa, las pesquisas sean más rápidas.

—Y hará también más fácil la fuga del ladrón.

—Le toca jugar a usted, señor Stuart —dijo Phileas Fogg. Pero el incrédulo Stuart no estaba convencido. Una vez terminada la partida, continuó:

—Hay que convenir, señor Ralph, que ha hallado usted una manera pintoresca de decir que la Tierra es más pequeña, y ello porque ahora se le da la vuelta en tres meses...

—En ochenta días nada más —dijo Phileas Fogg.

—En efecto, señores —añadió John Sullivan—, ochenta días desde que la sección Rothal y Allahabab ha sido abierta en el **Great-Indian Peninsular Railway**. He aquí el cálculo hecho por el **Morning-Chronicle:**

De Londres a Suez, por el Monte Cenis y Brindisi, en ferrocarril y vapor ............................................................................................ 7      días

De Suez a Bombay, en vapor ............................................. 13      "

De Bombay a Calcuta, en ferrocarril ................................3      "

De Calcuta a Hong-Kong (China) en vapor ...............13      "

De Hong-Kong a Yokohama (Japón), en vapor .......... 6      "

De Yokohama a San Francisco, en vapor ....................22      "

De San Francisco a Nueva York, por ferrocarril ..........7      "

De Nueva York a Londres, en vapor y ferrocarril .......9      "

Total ..............................................................................80      días

—Sí, ochenta días! —exclamó Andrew Stuart, quien inadvertidamente, cortó un as—. Pero sin contar con el mal tiempo, los vientos contrarios, los naufragios, los descarrilamientos, etc.

—Todo comprendido —respondió Phileas Fogg, continuando el juego, pues esta vez la discusión no respetaba el **whist.**

—¿Y si los hindúes o los indios levantan los raíles —replicó Andrew Stuart—, detienen los trenes, saquean los furgones y arrancan el cuero cabelludo a los viajeros?

—Todo comprendido —respondió Phileas Fogg, al tiempo que, abatiendo las cartas, añadía—: ¡Dos triunfos!

Andrew Stuart, recogió las cartas y dijo:

—Teóricamente, tiene usted razón, señor Fogg. Pero en la práctica...

—En la práctica también señor Stuart.

—Ya quisiera verlo...

—Sólo depende de usted. Partamos juntos.

—¡Dios me libre de ello! —exclamó Stuart—. Pero apostaría gustosamente cuatro mil libras esterlinas a que en un viaje semejante, realizado en estas condiciones, es imposible.

—Al contrario, es muy posible —contestó Fogg.

—Pues bien, hágalo.

—¿La vuelta al mundo en ochenta días?

—Sí.

—Estoy dispuesto.

—¿Cuándo?

—En seguida. Sólo quiero advertirle que lo haré a costas de usted.

—¡Es una locura! —Exclamó Andrew Stuart, que empezaba a sentirse molesto por la insistencia de su compañero de juego—. Más vale que sigamos jugando. Ahí va... —Pues baraje usted de nuevo, porque ha dado mal.

Andrew Stuart recogió las cartas febrilmente; luego, dejándolas de repente sobre la mesa, dijo:

—Pues bien, sí señor Fogg, apuesto cuatro mil libras...

—Cálmese usted, mi querido Stuart —dijo Fallentin—. Esto no es serio.

—Cuando digo "apuesto" —respondió Andrew Stuart—, siempre es en serio.

—Aceptado —dijo Fogg. Luego, volviéndose hacia sus amigos, añadió—: Tengo veinte mil libras depositadas en casa de Baring Hermanos. De buena gana las arriesgaría...

—¡Veinte mil libras! —exclamó John Sullivan—. ¡Veinte mil libras que en un retraso imprevisto puede hacerle perder!

—Lo imprevisto no existe —se limitó a contestar Fogg.

—Pero, señor ese lapso de ochenta días sólo está calculado como un mínimo.

—Un mínimo bien empleado basta para todo.

—Mas para no rebasarlo es preciso saltar matemáticamente de los trenes a los barcos y de éstos a los trenes.

—Saltaré matemáticamente.

—¡Es una broma!

—Un buen inglés no bromea nunca cuando se trata de una cosa tan seria como una apuesta —respondió Phileas Fogg—. Apuesto veinte mil libras esterlinas contra quien quiera, que yo daré la vuelta al mundo en ochenta días o en menos tiempo, o sea en mil novecientas veinte horas o ciento quince mil doscientos minutos. ¿Aceptan ustedes?

—Aceptamos —contestaron Stuart, Fallentin, Sullivan, Flanagan y Ralph, tras haberse puesto de acuerdo.

—Bien —dijo Phileas Fogg—. El tren de Douvres sale a las ocho y cuarenta y cinco. Lo tomaré.

—¿Esta misma noche? —preguntó Stuart.

—Esta misma noche —contestó Phileas Fogg—. Por consiguiente —prosiguió, consultando un diccionario de bolsillo—, puesto que hoy es miércoles 2 de octubre, tendré que estar de regreso en Londres, en este mismo salón de Reform-Club, el sábado 21 de diciembre, a las ocho y cuarenta y cinco de la tarde. En su defecto, las veinte mil libras depositadas actualmente en mi cuenta de la casa Baring Hermanos, pertenecerán a ustedes de hecho y de derecho. Señores, ahí va un cheque por dicha suma.

Se levantó un acta de la apuesta, que fue firmada inmediatamente por los seis interesados. Phileas Fogg permaneció imperturbable. Ciertamente, no había apostado para ganar, y sólo había arriesgado las veinte mil libras esterlinas —la mitad de su fortuna— porque preveía que tendría que gastar la otra mitad para llevar a cabo su difícil, por no decir irrealizable, proyecto. En cuanto a sus adversarios, parecían emocionados, no por el valor de la apuesta, sino porque sentían ciertos escrúpulos de lugar en aquellas condiciones.

Sonaron las siete. Se propuso a Fogg suspender la partida para que pudiera llevar a cabo sus preparativos de viaje.

—Siempre estoy preparado —respondió el impasible caballero y, dando las cartas, dijo—: Diamantes son triunfos. Juega usted, señor Stuart.

# IV

## En el que Phileas Fogg deja estupefacto a su criado Passepartout

A las siete y veinticinco, Phileas Fogg, tras haber ganado veinte guineas al **whist,** se despidió de sus honorables amigos y abandonó el Reform-Club. A las siete y cincuenta entraba en su casa.

Passepartout, que había estudiado concienzudamente su programa, quedó bastante sorprendido al ver a su amo, culpable de falta de exactitud, presentarse a aquella insólita hora. Según el programa, el inquilino de Saville Row no debía regresar hasta medianoche.

Phileas Fogg subió directamente a su habitación y luego llamó:

—¡Passepartout!

El criado no respondió. Aquella llamada no podía ser para él. No era la hora.

—¡Passepartout! —repitió Fogg, sin levantar la voz.

—Aún no es media noche —contestó Passepartout, reloj en mano.

—Lo sé, y no le hago ningún reproche. Partimos dentro de diez minutos para Douvres y Calais.

Una especie de mueca apareció en la redonda faz del francés. Era evidente que no había oído bien.

—¿El señor sale de viaje? —preguntó.

—Sí —contestó Phileas Fogg—. Vamos a dar la vuelta al mundo.

Passepartout, con los ojos desmesuradamente abiertos, las cejas enarcadas, el cuerpo encorvado y los brazos caídos, presentaba todos los síntomas de un asombro que llegaba al estupor.

—¡La vuelta al mundo! —murmuró.

—En ochenta días —contestó Fogg—. Así, pues, no tenemos un instante que perder.

—Pero, ¿las maletas...? —preguntó Passepartout, meneando inconscientemente la cabeza de derecha a izquierda.

—Nada de maletas. Solamente un saco de noche, con dos camisas de lana y tres pares de calcetines. Para usted lo mismo. Ya compraremos lo necesario por el camino. Baje mis correas y mi manta de viaje. Póngase unos buenos zapatos, aunque andaremos muy poco o nada, ¡Vamos!

Passepartout hubiera querido responder, pero no pudo. Salió de la habitación de su amo, subió a la suya, se desplomó sobre una silla y, empleando una frase vulgar de su país, exclamó:

—¡En buena me he metido! ¡Y yo que quería estar tranquilo!

Maquinalmente hizo sus preparativos de viaje. ¡La vuelta al mundo en ochenta días! ¿Se había vuelto loco su amo? No... ¿Se trataba de una broma? Iban a Douvres. Bien. A Calais. De acuerdo. Después de todo, esto no podía contrariar mucho al honrado muchacho que, desde hacía cinco años, no había pisado el suelo de su patria. Tal vez llegarían hasta París y, verdaderamente, volvería a ver con agrado la gran capital. Pero, seguramente, un amo tan casero como el suyo no iría más lejos... Sí, sin duda, pero la verdad era que partía, que aquel caballero tan sedentario hasta entonces salía de viaje.

A las ocho, Passepartout tenía ya preparado el saco con su ropa y la de Fogg; después con el espíritu aún conturbado, salió de su habitación, cerró cuidadosamente la puerta y fue a reunirse con su amo.

Phileas Fogg estaba preparado. Llevaba bajo el brazo el **Bradshaw's Continental Railway Steam Transit and General Guide**, que debía proporcionarle todas las indicaciones necesarias para su viaje. Tomó el saco de mano de Passepartout, lo abrió y deslizó en él un abultado fajo de estos hermosos billetes de banco que circulan en todos los países.

—¿No ha olvidado usted nada? —preguntó.

—No, señor.

—¿Mi manta de viaje?

—Aquí está.

—Bien, tome usted el saco. Y tenga cuidado con él. Porque adentro hay veinte mil libras esterlinas.

Poco faltó para que Passepartout soltara el saco del viaje, como si las veinte mil libras esterlinas hubiesen sido en oro y pesaran considerablemente.

Amo y criado salieron a la calle y la puerta fue cerrada con doble vuelta de llave.

Al extremo de Saville Row había una parada de coches. Phileas Fogg y su criado subieron a un cabriolé, que se dirigió velozmente hacia la estación de Charing Cross, de donde parte uno de los ramales del **South-Eastern Railway.**

A las ocho y veinte el cabriolé se detuvo delante de la verja de la estación. Passepartout saltó a tierra. Su amo hizo lo mismo y pagó al cochero.

En aquel momento, una mendiga, que llevaba un niño de la mano, descalza en medio del barro, tocaba con un sombrero deshilachado del que colgaba una lamentable pluma y cubierta por un chal que ocultaba sus andrajos, se acercó a Fogg y le pidió limosna.

Fogg saco de su bolsillo las veinte guineas que poco había ganado jugando al **whist** y las entregó a la mendiga diciendo:

—Tenga, buena mujer. Estoy contento de haberla encontrado.

Dicho esto, siguió adelante. Passepartout tuvo la sensación de que sus ojos se humedecían. Su amo había empezado a ganarse su corazón. Phileas Fogg y él entraron en el gran vestíbulo de la estación, donde aquél dio a su criado la orden de que sacase dos billetes de primera clase para París. Luego, al volverse, advirtió a sus cinco amigos del Reform-Club.

—Señores —dijo— , parto, y los diferentes visados que figurarán en mi pasaporte les permitirán, a mi regreso, comprobar mi itinerario.

—¡Oh, señor Fogg —contestó cortésmente Gauthier Ralph—, no había necesidad de ello! Confiamos en su palabra de caballero.

—Es mejor que sea como he dicho —repuso Fogg.

—No olvide usted que debe estar de regreso... —observó Andrew Stuart.

—Dentro de ochenta días —lo interrumpió Phileas Fogg—, el sábado 21 de diciembre de 1872, a las ocho y cuarenta y cinco minutos de la noche. ¡Hasta la vista, señores!

A las ocho y cuarenta, Phileas Fogg y su criado ocuparon su lugar en el mismo compartimiento. A las ocho y cuarenta y cinco, se oyó un silbido y el tren se puso en marcha.

La noche era negra como boca de lobo. Lloviznaba. Phileas Fogg, instalado en su rincón, callaba. Passepartout, aún aturdido, estrechaba contra su pecho, maquinalmente, el saco con los billetes de Banco.

Pero antes de que el tren dejara atrás Sydenham, Passepartout lanzaba un verdadero grito de desesperación.

—¿Qué le pasa a usted? —preguntó Fogg.

—Pues que... en mi precipitación..., en mi azoramiento... olvidé...

—¿Qué?

—¡Apagar la luz de gas de mi habitación!

—Bueno, muchacho —contestó fríamente Fogg—, arderá por cuenta de usted.

# V

## En el que aparece un nuevo valor
## en la plaza de Londres

Phileas Fogg, al abandonar Londres, estaba lejos de sospechar, sin duda, la repercusión que tendría su partida. La noticia de la apuesta se propagó primero por el Reform-Club y suscitó una auténtica emoción entre los socios del respetable círculo. Luego del club la emoción pasó a los periódicos a través de los reporteros, llegó al público y se extendió por todo el Reino Unido. El tema de la "vuelta al mundo" fue comentado, discutido y analizado con la misma pasión y ardor que si se tratase de otro nuevo asunto del Alabama. Unos tomaron partido por Phileas Fogg, otros —que pronto formaron una mayoría considerable— se pronunciaron contra él. Realizar la vuelta al mundo, de otra manera que teóricamente y sobre el papel, en tan poco tiempo y con los medios de comunicación actuales, era no solamente imposible, sino insensato.

El **Times**, el **Standard**, el **Evening Star**, el **Morning Chronicle** y veinte periódicos más de gran circulación, se pronunciaron contra Fogg. Solamente el **Daily Telegraph** lo apoyó hasta cierto punto. Phileas Fogg fue tratado de maniático, de loco, y sus colegas del Reform-Club fueron censurados por haber aceptado la apuesta, que demostraba un debilitamiento de las facultades mentales de su autor.

Artículos en extremo apasionados, pero lógicos, se publicaron sobre dicho asunto. Sabido es el interés con que se tratan en Inglaterra las cosas relacionadas con la geografía. Así, pues, no había lector, cualquiera que fuese su clase social, que no devorase las columnas consagradas al caso de Phileas Fogg.

Durante los primeros días, algunos espíritus audaces —mujeres principalmente— se inclinaron en favor de él, sobre todo cuando el **Illustrated London News** publicó su retrato, sacado de la fotografía de los archivos del Reform-Club. Algunos caballeros osaron afirmar: —"¡Vaya! ¡Vaya! Después de todo, ¿por qué no? Cosas más extraordinarias hemos visto"—. Estos eran, sobre todo, lectores de **Daily Telegraph.** Pero se advirtió que incluso este periódico empezaba a enfriarse.

En efecto, un largo artículo publicado el día 7 de octubre en el **Boletín de la Real Sociedad de Geografía** trataba la cuestión desde todos los puntos y demostraba claramente la locura que representaba semejante empresa. Según el artículo, todo estaba contra el viajero: obstáculos humanos y obstáculos de la naturaleza. Para triunfar en el intento, era preciso admitir una concordancia milagrosa de las horas de salida y de llegada, concordancia que no existía y no podía existir. En rigor, por lo que se refiere a Europa, donde las distancias son relativamente cortas, se puede contar con la llegada puntual de los trenes; pero cuando se necesitan tres días para atravesar la India y se requieren siete para los Estado Unidos, ¿es posible basar sobre su puntualidad los elementos del problema? Y los accidentes de máquinas, los descarrilamientos, los choques, los temporales, la acumulación de las nieves, ¿no estaba acaso todo ello contra Phileas Fogg? En los vapores, durante el invierno, ¿no se encontraría a merced del viento y de la nieve? ¿Es raro, por ventura, que los más rápidos buques de las líneas transoceánicas sufran retrasos de dos o tres días? Por otra parte, bastaría con un retraso, uno solo, para que la cadena de comunicaciones se rompiese irreparablemente. Si Phileas Fogg perdía, aunque sólo fuese por algunas horas, la salida de un paquebote, veríase obligado a esperar al siguiente, lo cual comprometería irremisiblemente su viaje.

El artículo causó sensación. Casi todos los periódicos lo reprodujeron, y las acciones de Phileas Fogg bajaron considerablemente.

Durante los primeros días posteriores a la partida del caballero, se organizaron importantes apuestas sobre el éxito de la empresa. Sabido es que el mundo de los apostadores, en Inglaterra, es más inteligente y notable que el de los jugadores. Apostar forma parte del temperamento inglés. No sólo los socios del Reform-Club concertaron considerables apuestas en favor o contra Phileas Fogg, sino que también participó en el movimiento la gran masa del público. Phileas Fogg fue inscrito como un caballo de carreras, en una especie de registro genealógico de caballos. Se convirtió así en una especie de valor de Bolsa, que fue cotizado inmediatamente en la plaza de Londres. Se pedía y se ofrecía el papel "Phileas Fogg", en firme o a plazos, y se realizaron grandes negocios. Pero cinco días después de su partida tras la publicación del artículo en el **Boletín de la Sociedad Real de Geografía**, las ofertas empezaron a afluir. El papel Phileas Fogg bajó. Se ofrecía por paquetes. Primero a cinco, después a diez, no era tomado más que por veinte, cincuenta y cien.

Sólo le quedó un partidario: el viejo y paralítico Albermale. Este respetable caballero clavado en su sillón hubiera dado toda su fortuna para poder realizar la vuelta al mundo aunque hubiera sido en diez años, y apostó cuatro mil libras esterlinas en favor de Phileas Fogg. Cuando, al mismo tiempo que la locura de la empresa, se le demostraba su inutilidad, se limitaba a contestar:

—Si la cosa es factible, mejor que sea un inglés el primero que la haya hecho.

A la razón, los partidarios de Phileas Fogg eran cada vez más escasos: todo el mundo, y no sin razón, estaba contra él; no se le tomaba más que de ciento cincuenta a doscientos contra uno, cuando siete días después de su partida, un incidente del todo inesperado hizo que ya no se le tomase en absoluto.

**Suez a Londres.**

**Rowan, jefe de policía, administración central, Scotland Yard.**

**Sigo al ladrón del Banco, Phileas Fogg. Manda sin retraso orden de arresto a Bombay (India Inglesa).**

                                                        **Fix, detective.**

El efecto de este mensaje fue inmediato. El respetable caballero desapareció para dejar sitio al ladrón de billetes de banco. Su fotografía, que constaba en los archivos del Reform-Club con las de sus colegas, fue examinada. Reproducía rasgo por rasgo, al hombre cuya filiación había sido proporcionada por la encuesta. Se recordó lo que la vida de Phileas Fogg tenía de misteriosa, su aislamiento, su repentina partida, y pareció evidente que el personaje pretextando un viaje alrededor del mundo y apoyándose sobre una apuesta insensata, no perseguía otro objetivo que el de despistar a los agentes de la policía inglesa.

# VI

## En el que el agente Fix da muestras de una impaciencia bien legítima

He aquí en qué circunstancias había sido mandado aquel telegrama relacionado con el caballero Phileas Fogg.

El miércoles, 9 de octubre, en Suez, se esperaba para las once de la mañana la llegada del paquebote **Mongolia,** de la Compañía Peninsular y Oriental, buque de hierro con hélice y entrepuente, con un desplazamiento de dos mil ochocientas toneladas y una fuerza nominal de quinientos H. P. El **Mongolia** hacía regularmente la travesía de Brindisi a Bombay por el canal del Suez. Era uno de los buques más rápidos de la Compañía y había superado las velocidades reglamentarias de diez millas por hora entre Brindisi y Suez, y de nueve millas cincuenta y tres centésimas entre Suez y Bombay.

Esperando la llegada del **Mongolia,** dos hombres se paseaban por el muelle, mezclados con la multitud de indígenas y extranjeros que afluyen a aquella ciudad —en otro tiempo una simple aldea—, cuyo porvenir ha sido asegurado por la gran obra de Lesseps.

Uno de aquellos hombres era agente consular del Reino Unido en Suez, quien a pesar de los engorrosos pronósticos del gobierno británico y de las siniestras predicciones del ingeniero Stephenson, veía cada día buques ingleses atravesar el canal, abreviando así en la mitad de la antigua ruta de Inglaterra a la India por el Cabo de Buena Esperanza.

El otro era un hombre enjuto, de baja estatura, de rostro bastante inteligente, nervioso, que contraía con una persistencia notable sus músculos superciliares. A través de sus largas pestañas brillaba una mirada viva, cuyo fulgor amortiguaba a voluntad. En aquel momento, daba muestras de cierta impaciencia yendo y viniendo, sin poder estar quieto. Aquel hombre se llamaba Fix y era uno de los detectives ingleses que habían sido enviados a diferentes puertos después del robo cometido en el Banco de Inglaterra. Ese Fix estaba encargado de vigilar con el mayor cuidado a todos los viajeros de la ruta de Suez, y si alguno le resultaba sospechoso, debía seguirlo hasta el momento en que llegara la orden de detención.

Precisamente hacía dos días que Fix había recibido del jefe de la policía metropolitana la filiación del presunto autor del robo. Dicha filiación se refería al distinguido y elegante personaje que había sido visto en el departamento de pagos del Banco.

El detective, espoleado evidentemente por la fuerte prima prometida en caso de éxito, esperaba, pues, con una impaciencia fácil de comprender la llegada del **Mongolia**.

—¿Dice usted, señor cónsul —preguntó por décima vez— que el buque no puede tardar?

—No, señor Fix —contestó el cónsul—. Fue avistado ayer en aguas de Port-Said, y los ciento sesenta kilómetros del canal no cuentan para un buque que desarrolla tanta velocidad como el nuestro. Le repito que el **Mongolia** ha ganado siempre la prima de veinticinco horas sobre el tiempo reglamentario.

—¿Ese paquebote viene directamente de Brindisi? —preguntó Fix.

—Del mismo Brindisi, donde ha recogido el correo de la India y de donde zarpó el sábado a las cinco de la tarde. Así, pues, tenga paciencia, porque no puede tardar.

—Señor cónsul —dijo Fix—, a esos tipos se los presiente más que se los conoce. Hay que olerlos, y ello significa poseer un sentido especial al que concurren el oído, la vista y el olfato. He arrestado a más de uno de esos caballeros, y si mi ladrón se encuentra a bordo le prometo a usted que no se me escabullirá.

—Deseo que sea así, señor Fix, porque se trata de un robo importante.

—¡Un robo magnífico! —contestó, entusiasmado, el agente de policía—. ¡Cincuenta y cinco mil libras! No se presentan a menudo tales gangas. La raza de los Sheppard se extingue. Hoy en día se dejan coger por algunos chelines.

—Señor Fix —respondió el cónsul—, habla usted de tal manera que no puedo menos que desearle éxito; pero le repito que en las condiciones en que usted se encuentra, temo que sea difícil. Usted sabe perfectamente que, según la filiación que hemos recibido, ese ladrón tiene todo el aspecto de un hombre honrado.

—Señor cónsul —declaró dogmáticamente el inspector de policía—, los grandes ladrones dan siempre la impresión de ser personas honradas. Usted comprenderá que a los que tienen caras de bribones no les queda más recurso que ser honrados, pues de lo contrario se harían arrestar. Uno ha de fijarse especialmente en los que tienen cara de buenas personas. Trabajo difícil, convengo en ello, y que, más que un oficio, es un arte.

Como puede advertirse no faltaba a Fix cierta dosis de amor propio. Poco a poco, el muelle se iba animando. Afluían a él marineros de diversas nacionalidades comerciantes, corredores, mozos de cuerda y fellahs. La llegada del buque era inminente.

El tiempo era bastante bueno, aunque soplaba un fresco viento del este. Algunos minaretes se dibujaban por encima de la ciudad, bajo los pálidos rayos del sol. Por el lado del sur, una escollera de dos kilómetros se extendía como un brazo por la rada de Suez. Sobre la superficie del mar Rojo navegaban algunos barcos de pesca o de cabotaje, algunos de los cuales conservaban el elegante gálibo de la antigua galera.

Mientras circulaba entre la multitud, Fix examinaba, por hábito profesional, a la gente con una rápida mirada. Eran las diez y media.

—¿No llegará nunca ese buque? —se preguntó al oir sonar la hora en el reloj del puerto.

—No puede estar lejos —dijo el cónsul.

—¿Cuánto tiempo permanecerá en Suez?

—Cuatro horas, que es el tiempo que necesita para abastecerse de carbón. De Suez a Adén, en la extremidad del mar Rojo, hay mil trescientas diez millas y es necesario proveer combustible.

—¿Y de Suez va directamente a Bombay?

—Directamente, sin escalas.

—Bueno —dijo Fix—, si el ladrón ha escogido esta ruta, debe haber proyectado desembarcar en Suez, a fin de ganar por otro camino las posiciones holandesas o francesas de Asia. Debe saber que no estaría seguro en la India, que es un territorio inglés.

—A menos que no se trate de un hombre muy fuerte. Como usted sabe, un criminal inglés se oculta mejor en Londres que en el extranjero.

Tras esta reflexión, que dio mucho que pensar al gente, el cónsul regresó a su despacho, situado a corta distancia. El inspector de policía se quedó solo, presa de nerviosa impaciencia, con el singular presentimiento de que su ladrón debía encontrarse a bordo del **Mongolia**. Y verdaderamente, si el bribón hubiera salido de Inglaterra con la intención de ir al Nuevo Mundo, debería haber escogido la ruta de las Indias menos vigilada, o más difícil de serlo, que la del Atlántico.

Fix no estuvo mucho rato entregado a sus reflexiones. Los estridentes bramidos de la sirena anunciaron la llegada del paquebote. Toda la horda de mozos de cuerda y de fellahs se precipitó hacia el muelle con un tumulto algo inquietante para la integridad de las personas y los trajes de los pasajeros. Pronto se divisó el gigantesco casco del **Mongolia** avanzando entre las dos orillas del canal. Daban las once cuando el buque fondeaba en la rada, mientras los tubos de escape soltaban ruidosamente chorros de vapor.

Los pasajeros eran bastante numerosos. Algunos premanecieron en el entrepuente para contemplar el pintoresco panorama de la ciudad; pero la mayoría desembarcó en las lanchas atracadas junto al **Mongolia**.

Fix examinó a todos los que desembarcaban. En aquel momento, uno de ellos se le acercó, después de haber repelido vigorosamente el asalto de los **fellahs** que le ofrecían sus servicios, y le preguntó con mucha cortesía si podía indicarle donde se encontraba el despacho del agente consular inglés. Y, al mismo tiempo, el pasajero le mostró un pasaporte en el cual, sin duda, deseaba que le fuera puesto el visado británico. Fix, instintivamente, tomó el pasaporte y, con una rápida hojeada leyó la filiación.

Apenas pudo reprimir un movimiento involuntario. La hoja tembló en su mano. La filiación que constaba en el pasaporte era idéntica a la que había recibido del jefe de la policía metropolitana.

—¿Este pasaporte es el suyo? —preguntó al pasajero.

—No, es el pasaporte de mi amo.

—¿Dónde está?

—Se ha quedado a bordo.

—Pues es preciso —prosiguió el agente— que se presente personalmente en las oficinas del cónsul a fin de establecer su identidad.

—¿Es ello necesario?

—Es indispensable.

—¿Y dónde están las oficinas?

—Allí, en la esquina de la plaza —contestó el inspector, señalando con la mano una casa que se hallaba a unos doscientos pasos.

—Entonces voy a buscar a mi amo, a quien no le hará ninguna gracia la molestia.

Dicho esto, el pasajero saludó a Fix y regresó a bordo del **Mongolia.**

# VII

*En el que se demuestra una vez más la inutilidad
de los pasaportes en los asuntos policíacos*

El inspector regresó al muelle y dirigióse rápidamente a las oficinas del cónsul. Enseguida, tras su requerimiento apremiante, fue recibido por el funcionario.

—Señor cónsul —dijo, sin otro preámbulo—, tengo fundadas sospechas de que nuestro hombre se encuentra a bordo del **Mongolia**.

Y Fix explicó lo que había pasado entre el criado y él con motivo del pasaporte.

—Bien, señor Fix —contestó el cónsul—, no me disgustará ver la cara que tiene ese bribón. Pero tal vez no se presente en mi oficina, si es lo que usted supone. A un ladrón no le gusta dejar trazas de su paso y, por otra parte, la formalidad de los pasaportes ya no es necesaria.

—Señor cónsul —repuso el agente de policía—, si es un hombre listo, como suponemos, se presentará.

—¿Para hacer visar su pasaporte?

—Sí. Los pasaportes sólo sirven para fastidiar a la gente honrada y favorecer la huida de los bribones. Le aseguro que el suyo estará en regla, pero espero que usted se negará a visarlo...

—¿Por qué? Si el pasaporte es regular, no puedo negar mi visado.

—Sin embargo, señor cónsul, es preciso que yo retenga aquí a este hombre hasta recibir la orden de detención de Londres.

—¡Ah! eso es asunto de usted, señor Fix —contestó el cónsul—. Pero yo no puedo...

El cónsul no terminó la frase. En aquel momento llamaron a la puerta de su despacho y el oficinista introdujo a dos extranjeros, uno de los cuales era precisamente el criado que había conversado con el detective. Eran en efecto, amo y doméstico. El amo presentó su pasaporte, rogando lacónicamente al cónsul que se sirviera visarlo.

El cónsul tomó el pasaporte y lo leyó atentamente, mientras Fix, desde un rincón de la oficina, observaba, o mejor dicho, devoraba con la vista al extranjero.

Cuando el cónsul terminó la lectura, preguntó:

—¿Es usted el señor Phileas Fogg?

—Sí, señor —contestó el caballero.

—¿Y ese hombre es su criado?

—Sí. Un francés llamado Passepartout.

—¿Viene usted de Londres?

—Sí.

—¿Y a dónde se dirige?

—A Bombay.

—Bien, señor. ¿Sabe usted que esta formalidad del visado es inútil y que ya no exigimos la presentación del pasaporte?

—Lo sé, señor —contestó Phileas Fogg—, pero deseo demostrar que he pasado por Suez mediante su visado.

—Como usted quiera, señor.

El cónsul, después de fechar y firmar el pasaporte, lo selló. Fogg pagó los derechos del visado y tras haber saludado fríamente, salió, seguido de su criado.

—¿Y bien? —preguntó el inspector.

—Parece un hombre honrado —contestó el cónsul.

—Es posible, pero no se trata de eso. ¿No cree usted que este flemático caballero se parece, rasgo por rasgo, al ladrón cuya filiación tengo?

—Convengo en ello, pero, como usted sabe, todas las filiaciones...

—Quiero asegurarme. El criado me parece menos impenetrable que el amo. Además, como es francés, no podrá por menos de soltar la lengua. Hasta pronto, señor cónsul.

Dicho esto, el agente salió en busca de Passepartout.

Por su parte, Phileas Fogg, al salir del consulado, dirigió sus pasos hacia el muelle. Dio algunas órdenes a su criado y luego se embarcó en un bote, regresó al **Mongolia** y se metió en su camarote.

Tomó su carnet, en el que constaban las siguientes notas:

"Salido de Londres, miércoles 2 de octubre, a las 8'45 de la noche.

"Llegado a París, jueves 3 de octubre, a las 7'20 de la mañana.

"Salido de Turín, viernes a las 7'20 de la mañana.

"Llegado a Brindisi, sábado 5 de octubre, a las 4 de la tarde.

"Embarcado en el **Mongolia,** sábado, a las 5 de la tarde.

"Llegado a Suez, miércoles 9 de octubre, a las 11 de la mañana.

"Total de horas invertidas: 58 y media, o sea, 6 días y medio".

Fogg escribió estos datos en un itinerario dispuesto en columnas, que indicaba —desde el dos de octubre hasta el 21 de diciembre— el mes, el día de la semana, las llegadas reglamentarias y las llegadas efectivas en cada punto principal: París, Brindisi, Suez, Bombay, Calcuta, Singapur, Hong Kong, Yokohama, San Francisco, Nueva York, Liverpool y Londres, y que permitía registrar el beneficio obtenido o la pérdida registrada en cada parte del trayecto. Este metódico itinerario llevaba la cuenta de todo, y Fogg podía saber siempre si iba adelantado o retrasado. Aquel día, miércoles, 9 de octubre, registró, pues, su llegada a Suez, la cual, como concordaba con su llegada reglamentaria, no presentaba ni pérdida ni ganancia.

Luego se hizo servir su almuerzo en su camarote. En cuanto a visitar la ciudad, ni siquiera pensó en ello, porque pertenecía a esta raza de ingleses que hacen visitar por sus criados los países que atraviesan.

# VIII

## En que Passepartout habla algo más
## de lo conveniente

Fix encontró pronto a Passepartout que paseaba por el muelle. Al contrario de su amo, no se creía obligado a no ver nada.

—¡Hola amigo! —le dijo Fix, acercándose al él—. ¿Le han visado el pasaporte?

—¿Ah, es usted? —respondió el francés—. Encantado de verlo. Estamos perfectamente en regla.

—¿Contempla la población?

—Sí, pero vamos tan de prisa que diríase que viajo en sueños. ¿Es cierto que estamos en Suez?

—En Suez.

—¿En Egipto?

—En Egipto, claro está.

—¿Y en Africa?

—En Africa.

—¡En Africa! —respondió Passepartout—. No puedo creerlo. Figúrese usted, señor, que no creía ir más lejos de París, y he visto esa famosa capital en el tiempo comprendido entre las 7'20 de la mañana y las 8:40, entre la estación del Norte y la de Lyon, a través de los cristales de una fiacre y bajo una lluvia torrencial. ¡Lo lamento!

—Por lo que veo, llevan ustedes mucha prisa —comentó el inspector de policía.

—Yo, no; mi amo. A propósito, es preciso que compre calcetines y camisas. Salimos sin equipaje, sólo con un saco de noche.

—Lo acompañaré hasta un bazar donde encontrará todo lo que necesite.

—Señor, es usted muy amable.

Se pusieron en camino. Passepartout no cesaba de hablar. Sobre todo —dijo—, he de tener cuidado en no perder el barco.

—Tiene usted tiempo —respondió Fix—. No son más que las doce.

Passepartout sacó su reloj.

—¿Las doce? ¡Vaya! Son las diez menos ocho.

—Su reloj va atrasado —contestó Fix.

—¡Mi reloj! Se trata de reloj de familia que fue de mi bisabuelo. No varía ni cinco minutos al año. Es un verdadero cronómetro.

—Ya veo lo que pasa. Ha conservado usted la hora de Londres, que retrasa unas dos horas en relación con la de Suez. Es preciso que ponga usted su reloj a la hora de acuerdo con el mediodía de cada país.

—¿Yo? ¿Tocar mi reloj? ¡Jamas! —exclamó Passepartout.

—Entonces, no marchará de acuerdo con el sol.

—¡Peor para el sol! Será el equivocado.

Y el buen muchacho guardó el reloj en el bolsillo con un gesto magnífico.

Momentos después, Fix le dijo:

—¿Salieron ustedes de Londres precipitadamente?

—¡Ya lo creo! El miércoles de la semana pasada, a las ocho de la noche, en contradicción con su costumbre, el señor Fogg regresó del club y tres cuartos de hora después estábamos en marcha.

—Pero, ¿a dónde va su amo?

—Siempre hacia adelante. Da la vuelta al mundo.

—¿La vuelta al mundo? —preguntó, extrañado, Fix.

—Sí en ochenta días. Se trata de una apuesta, dice él; pero, entre nosotros, le diré que no lo creo. Esto no tendría ningún sentido. Hay algo más.

—¡Ah! Ese señor Fogg es un excéntrico.

—Es lo que creo yo.

—¿Es hombre rico?

—Evidentemente. Lleva con él una bonita suma en billetes de banco nuevos. Y no ahorra el dinero durante el viaje. Vea usted, ha prometido una linda suma al maquinista del **Mongolia** si llegamos a Bombay con un buen adelanto.

—¿Hace tiempo que conoce usted a su amo?

—¿Yo? —respondió Passepartout—. Entré a su servicio el mismo día de nuestra partida.

Fácilmente podremos imaginar el efecto que estas respuestas debían causar en el ánimo excitado del inspector de policía. Aquella precipitada partida de Londres, poco tiempo después del robo, la gruesa suma con que viajaba, aquella prisa por llegar a países remotos, que el pretexto de una apuesta excéntrica, todo confirmaba y debía confirmar a Fix en sus ideas. Tiró todavía más de la lengua al francés y adquirió la certidumbre de que aquel muchacho conocía poco a su amo, que éste vivía aislado en Londres, que se le suponía rico, aunque ignorábase el origen de su fortuna, que era un hombre impenetrable, etc. Pero, al mismo tiempo, Fix tuvo la certeza de que Phileas no desembarcaba en Suez, sino que iba realmente a Bombay.

—¿Queda lejos Bombay? —preguntó Passepartout.

—Bastante. Tiene todavía para unos diez días de navegación.

—¿Y por dónde cae?

—Está en la India.

—¡Diablo! Quisiera decirle a usted... Hay algo que me preocupa..., mi mechero.

—¿Que mechero?

—Mi mechero de gas, que olvidé de apagar y quema por mi cuenta. He calculado que consume dos chelines diarios, o sea, seis peniques más de lo que gano, y ya comprenderá usted que, por poco que este viaje se alargue, yo...

¿Comprendió Fix el asunto del gas? No es probable. En vez de escuchar, tomaba una resolución. Había llegado ya al bazar. Fix dejó a su compañero hacer las compras, le recomendó que no faltase a la salida del **Mongolia** y luego se dirigió apresuradamente a la oficina del cónsul. Fix, una vez tomada su resolución, había recobrado su sangre fría.

—Señor— dijo al cónsul—, ya no abrigo la menor duda. He descubierto a mi hombre. Se hace pasar por un excéntrico que quiere dar la vuelta al mundo en ochenta días.

—Entonces es un pillo —contestó el cónsul—, que espera regresar a Londres después de haber despistado a toda la policía de los continentes.

—¡Ya lo veremos!

—Pero ¿no se equivoca usted? —preguntó una vez más el cónsul.

—No me equivoco.

—Entonces ¿por qué ha querido ese ladrón hacer visar su pasaporte en Suez?

—¿Por qué? No lo sé, señor cónsul, pero escúcheme... Y, en pocas palabras, le explicó lo más importante de su conversación con el criado de Fogg.

—En efecto —dijo el cónsul—, todas las sospechas apuntan contra ese hombre. ¿Qué piensa usted hacer?

—Mandar un mensaje a Londres con la petición urgente de que me envíen una orden de arresto a Bombay, embarcarme en el **Mongolia,** seguir al ladrón hasta la India y, una vez allí, en tierra inglesa, salirle cortésmente al encuentro con la orden en una mano y luego ponerle la otra sobre el hombro.

Un cuarto de hora más tarde, Fix, con su ligero equipaje en la mano y bien provisto de dinero, se embarcaba en el **Mongolia.** A poco, el rápido buque surcaba a toda máquina las aguas del mar Rojo.

## IX

### Donde el Mar Rojo y el Mar de las Indias se muestran propicios a los designios de Phileas Fogg

La distancia entre Suez y Aden es de mil trescientas diez millas, distancia que, según los itinerarios de la Compañía, ha de ser recorrida en un lapso de ciento treinta y ocho horas. El **Mongolia**, con las calderas a toda presión, navegaba con mayor velocidad que la prevista para su llegada reglamentaria.

La mayor parte de los pasajeros embarcados en Brindisi iban con destino a la India. Unos se dirigían a Bombay, otros a Calcuta, pero vía Bombay, pues desde que existe un ferrocarril que atraviesa en toda su anchura la península india, ya no es necesario doblar la punta de Ceilán.

Entre los pasajeros del **Mongolia** se encontraban varios funcionarios civiles y oficiales de todas la graduaciones. De éstos, unos pertenecían al ejército británico propiamente dicho y otros mandaban las tropas indígenas de cipayos, pero todos percibían importantes sueldos.

Así, pues, se vivía bien a bordo del **Mongolia**, entre aquella sociedad de funcionarios, a los cuales se habían mezclado algunos jóvenes ingleses que, con un millón en el bolsillo, iban a fundar lejanos establecimientos comerciales.

El **purser**, hombre de confianza de la Compañía, tan importante como el capitán a bordo, sabía hacer las cosas con suntuosidad. En el desayuno de la mañana, en la comida de las dos y en la de las cinco y media, en la cena de las ocho, las mesas crujían bajo el peso de los platos de carne tierna y de los entremeses proporcionados por la carnicería y la repostería del buque. Las pasajeras —pues había algunas— cambiaban de traje dos veces al día. Había música y hasta baile, cuando el estado del mar lo permitía.

Pero el mar Rojo es muy caprichoso y a menudo traidor, como todos los golfos angostos y largos. Cuando el viento soplaba del lado de Asia o del de Africa, el **Mongolia,** semejante a un largo huso con hélice, tomado de través cabeceaba espantosamente. Entonces, las damas desaparecían, los pianos dejaban de oírse y cesaban los cantos y las danzas. Sin embargo, a pesar de la tormenta y del oleaje, el paquebote, impulsado por su potente maquinaria, corría sin retraso hacia el estrecho de Bab-el-Mandeb.

¿Qué hacía, mientras tanto, Phileas Fogg? ¿Puede alguien suponer que, inquieto y nervioso, se preocupaba de los cambios de viento que aminoraban la marcha del buque, de los violentos embates de las olas que podrían producir una avería en la máquina, de todos los accidentes posibles que, tras obligar al **Mongolia** a refugiarse en algún puerto, tendría por consecuencia comprometer su viaje?

Nada de eso; o por lo menos, si nuestro caballero pensaba en estas eventualidades, no lo demostraba. Era siempre el hombre impasible, el socio imperturbable del Reform-Club, a quien ningún incidente o accidente podría sorprender. No parecía más emocionado que los cronómetros de a bordo. Se le veía raras veces en el puente. Se preocupaba poco de observar el mar Rojo, tan fecundo en recuerdos, teatro de las primeras escenas históricas de la Humanidad, no acudía a contemplar las curiosas ciudades diseminadas por la orilla, cuya pintoresca silueta se recortaba a veces en el horizonte, ni soñaba siquiera en los peligros del golfo arábigo, del cual los antiguos historiadores, Estrabón, Arriano, Artimidoro y Edrisi han hablado siempre con espanto y en el cual los navegantes no se aventuraban nunca sin haber consagrado su viaje con sacrificios expiatorios.

¿Qué hacía, pues, aquel hombre original encerrado en el **Mongolia?** Primeramente, despachaba sus cuatro comidas diarias sin que los vaivenes ni el cabeceo pudieran alterar aquella máquina tan maravillosamente organizada. Después jugaba al **whist**, pues había encontrado compañeros tan furiosamente aficionados como él: un recaudador de contribuciones que se dirigía a Goa, un religioso, el reverendo Décimus Smith, que regresaba a Bombay, y un brigadier general del Ejército inglés, que se reincorporaba a su fuerzas en Benarés. Estos tres pasajeros sentían por el **whist** la misma pasión que Fogg, y jugaban durante horas enteras.

En cuanto a Passepartout, el mareo no podía con él. Ocupaba un camarote de proa y comía concienzudamente. Hay que decir que, decididamente, el viaje hecho en aquellas condiciones, no le desagradaba, y sabía sacar provecho de él. Bien alimentado, bien alojado, contemplaba los países y, por otra parte, estaba convencido de que toda aquella fantasía terminaría en Bombay.

Al día siguiente de la partida de Suez, el 29 de octubre se topó en el puente, no sin cierto placer, con el obsequioso personaje a quien se había dirigido al desembarcar en Egipto.

—¿Si no me equivoco —le dijo, abordándolo con su más amable sonrisa—, es usted el caballero que tuvo la amabilidad de servirme de guía en Suez?

—En efecto —contestó el detective—, lo recuerdo bien, usted es el criado de ese original caballero inglés...

—Precisamente, señor...

—Fix.

—Señor Fix —prosiguió Passepartout—. Encantado de encontrarlo a bordo. ¿A dónde se dirige usted?

—A Bombay, como ustedes.

—Me alegro de ello ¿A hecho usted antes este viaje?

—Varias veces. Soy un agente de la Compañía Peninsular.

—¿Entonces deberá conocer usted la India?

—Pues... sí...—respondió Fix, que no quería dar demasiados detalles.

—¿Y es pintoresco ese país?

—¡Mucho! Hay mezquitas, minaretes, templos, faquires, pagodas, tigres, serpientes, bayaderas. Pero ¿cabe esperar que tendrá usted tiempo de visitar el país?

—Así lo espero, señor Fix. Ya comprenderá usted que no es natural que un hombre sano de espíritu pase el tiempo saltando de un buque a un tren y de un tren a un buque, bajo el pretexto de dar la vuelta al mundo en ochenta días. No. Ya verá usted como toda esa gimnasia termina en Bombay.

—¿Y está bien el señor Fogg? —preguntó Fix en un tono natural.

—Muy bien, señor Fix. Y yo también. Trago como un ogro hambriento. Debe ser a causa del aire del mar.

—Nunca veo a su amo en el puente.

—Nunca va. No es nada curioso.

—¿Sabe usted, señor Passepartout, que este pretendido viaje en ochenta días podría muy bien esconder alguna misión secreta..., una misión diplomática por ejemplo?

—He de confesarle, señor Fix, que no sé una palabra de ello ni me importa lo más mínimo.

Tras este primer encuentro a bordo, Passepartout y Fix hablaron con frecuencia. El inspector de policía tenía interés en continuar su trato con el criado del caballero Fogg. Esto podría servirle en un momento dado. Así, pues, lo invitaba muy a menudo en el bar del **Mongolia**, ofreciéndole algunos vasos de whisky o de cerveza que el buen muchacho aceptaba sin cumplidos, y, a su vez, correspondía la invitación, por no ser menos, ya que consideraba a Fix como una persona intachable.

Entre tanto el paquebote avanzaba con rapidez. El día 13 divisaron la ciudad de Moka, que apareció ceñida por el cinturón de murallas en ruinas, por encima de las cuales se destacaban algunas verdes palmeras. A lo lejos, en las montañas, se extendían vastos cafetales. Passepartout contempló, entusiasmado, la célebre ciudad y consideró que con sus muros circulares y un fuerte desmantelado que tenían la forma de asa, se parecía a una enorme taza.

En el curso de la noche siguiente, el **Mongolia** atravesó el estrecho de Bab-el-Mandeb, cuyo nombre significa en árabe, Puerta de las Lágrimas, y al día siguiente el 14 hacía escala en Steamer-Point, al noroeste de la rada de Aden, donde tenía que aprovisionarse de combustible.

Alimentar las calderas de los buques a tales distancias de los centros de producción es un asunto tan grave como importante. Sólo la Compañía Peninsular gasta anualmente ochocientas mil libras esterlinas. Ha sido necesario establecer depósitos en numerosos puertos, y, en aquellos lejanos mares el carbón resulta a ochenta francos la tonelada.

El **Mongolia** tenía que recorrer aún mil seiscientas cincuenta millas para llegar a Bombay, y debía permanecer cuatro horas en Steamer-Point para rellenar sus depósitos.

Sin embargo, este retraso no afectaba para nada al programa de Phileas Fogg. Estaba previsto. Por otra parte, el **Mongolia** en vez de llegar a Aden el 15 de octubre por la mañana lo efectuó el día 14 por la tarde, lo que representaba una ganancia de quince horas.

Fogg y su criado desembarcaron. El caballero deseaba hacer visar su pasaporte. Fix lo siguió disimuladamente. Una vez cumplida la formalidad del visado, Phileas Fogg regresó a bordo para continuar su interrumpida partida.

Passepartout, por su parte, vagó entre la multitud compuesta de una mezcla de somalíes, banianos, parcis, judíos, árabes y europeos que integran los veinticinco mil habitantes de Aden. Admiró las fortificaciones que hacen de esta ciudad de Gibraltar del mar de las Indias y las magníficas cisternas en las que trabajan aún los ingenieros ingleses, dos mil años después de los ingenieros del rey Salomón.

—¡Muy curioso! ¡Muy curioso! —murmuraba para sí Passepartout, de regreso al buque—. Me doy cuenta de que no es inútil viajar, si uno desea ver cosas nuevas.

A las seis de la tarde, el Mongolia azotaba con las palas de su hélice las aguas de la radas de Aden y, poco después, navegaba por el mar de las Indias. Disponía de ciento sesenta y ocho horas para efectuar la travesía entre Aden y Bombay. Por otra parte, el mar Indico se presentaba favorable, el viento soplaba del noroeste, las velas acudieron en ayuda del vapor y el buque mejor apoyado, cabeceó menos. Las pasajeras en atavíos recientes volvieron a aparecer en el puente. Los cantos y las danzas se reanudaron. El viaje, pues, se realizó con las mejores condiciones. Passepartout estaba encantado de la amable compañía que le proporcionaba su nuevo amigo Fix.

El domingo, día 20 de octubre, hacia el medio día, se avistó la costa India. Dos horas más tarde el práctico subía a bordo del **Mongolia**. En el horizonte, una perspectiva de colinas se dibujaba armoniosamente sobre el fondo del cielo. A poco, se destacaron las líneas de palmeras que adornan la ciudad. El paquebote penetró en la rada que forman las islas de Salcette, Colaba, Elefanta y Butcher, y a las cuatro y media atracaba en los muelles de Bombay.

Phileas Fogg terminaba entonces su trigésima tercera partida del día, y su compañero de juego y él, gracias a una audaz maniobra, acabaron aquella hermosa travesía con un capote admirable.

El **Mongolia** debía llegar a Bombay el 22 de octubre, pero arribó el 20. Por lo tanto, desde su partida en Londres, Phileas Fogg ganaba dos días, dato que registró metódicamente en su itinerario.

# X

## En el que Passepartout se da por satisfecho con haber perdido solamente sus zapatos

Nadie ignora que la India —ese gran triángulo con la base al norte y el vértice al sur— comprende una superficie de un millón cuatrocientas mil millas cuadradas sobre la cual se reparte desigualmente una población de ciento ochenta millones de habitantes. El gobierno británico ejerce una dominación efectiva sobre una cierta parte de este inmenso país. Tiene un gobernador general en Calcuta, gobernadores en Madrás, Bombay y Bengala y un gobernador subalterno en Agra.

Pero la India inglesa propiamente dicha no cuenta más que una superficie de setecientas mil millas cuadradas y una población de cien a ciento diez millones de habitantes. Y hay que decir aún que una buena parte del territorio escapa a la autoridad de la reina, pues, en efecto, entre algunos rajás del interior, terribles y feroces, la independencia hindú es todavía absoluta.

Desde el año 1756 —época en que se fundó el primer establecimiento inglés en el sitio que ocupa hoy la ciudad de Madrás— hasta el año en que estalló la gran insurrección de los cipayos, la célebre compañía de las Indias fue omnipotente. Poco a poco se anexionaba las diferentes provincias, compradas a los rajás a base de rentas que pagaba mal o no pagaba, nombraba su gobernador general y todos sus empleados civiles y militares; pero en la actualidad la Compañía ha dejado de existir y las posesiones inglesas de la India dependen directamente de la Corona.

Debido a ello, las costumbres, las divisiones etnográficas de la península tienden a modificarse cada día. En otro tiempo, se viajaba solamente con los antiguos medios de locomoción: a pie, a caballo, en carreta, en carretilla, en litera, a cuestas, en coche, etc. Ahora, barcos de vapor navegan a gran velocidad por el Indo y el Ganges, y un ferrocarril que atraviesa en toda su anchura la India permite ir de Bombay a Calcuta en sólo tres días.

El trazado de este camino de hierro no sigue la línea recta a través de la India; la distancia a vuelo de pájaro sólo es de mil a mil cien millas, y los trenes, aún a una velocidad media, no requerirían ni tres días en recorrerlo. Pero la distancia aumenta en un tercio por lo menos a causa de la curva que describe la línea férrea al elevarse hasta Allahabad, en el norte de la península.

He aquí, en pocas palabras, el trayecto del **Great Indian Peninsular Railway**. Partiendo de la isla de Bombay, atraviesa Salcette, salta al continente por Tannh, cruza la cordillera de las Ghates occidentales, corre hacia el noroeste hasta Burhampour, atraviesa el territorio casi independiente de Bundelkund, se eleva hasta Allahabad, tuerce hacia el este, encuentra el Ganges en Benarés, se separa ligeramente y, volviendo a descender hacia el sudeste por Burdivan y la ciudad francesa de Chandernago, termina en Calcuta.

A las cuatro y media de la tarde, los pasajeros del **Mongolia** desembarcaron en Bombay. El tren de Calcuta partía a las ocho en punto.

Fogg se despidió de sus compañeros de juego, abandonó el paquebote, encargó a su criado que hiciera algunas compras y le recomendó especialmente que se encontrase antes de las ocho en la estación. Luego, con paso regular que marcaba el tiempo como el péndulo de un reloj astronómico, se dirigió a la oficina de pasaportes.

Así, pues, ni por un momento se le ocurrió admirar las maravillas de Bombay, ni el Ayuntamiento, ni la magnífica biblioteca, ni los fuertes, ni los muelles, ni el mercado de algodón, ni los bazares, ni las mezquitas, ni las sinagogas, ni las iglesias armenias, ni la espléndida pagoda de Malebar-Hill adornada de dos torres poligonales. No contemplaría las obras maestras de Elefanta, ni sus misteriosos hipogeos, escondidos en el sudeste de la rada, ni las

grutas de Kanherie, en la isla de Salcette, admirables restos de la arquitectura budista.

No veía nada. Al salir de la oficina de pasaportes, Phileas Fogg
se dirigió tranquilamente a la estación, donde se hizo servir la comida. Entre otros platos el **maitre d'hotel** se creyó en el deber de
recomendarle cierto guiso de conejo al estilo del país, del que le
contó maravillas.

Phileas Fogg aceptó el guiso y lo probó concienzudamente; pero, a pesar de la salsa picante, lo encontró detestable.

Llamó al **maitre.**

—Oiga usted —le dijo mirándolo fijamente—, ¿es conejo esto?

—Sí, milord —le contestó el pícaro, con todo descaro—, es conejo de la jungla.

—¿Y ese conejo no maulló al ser muerto?

—¿Maullar? ¡Oh, milord! le juro que un conejo...

—No jure usted y acuérdese de los siguiente: antes, en la India,
los gatos eran considerados como animales sagrados. Eran buenos
tiempos aquellos.

—¿Para los gatos, milord?

—Y quizás también para los viajeros.

Hecha esta observación, Phileas Fogg continuó tranquilamente
su cena.

El inspector Fix desembarcó momentos después que Fogg y corrió a la jefatura de policía de Bombay. Dio a conocer su personalidad de detective, la misión de que estaba encargado y su situación
con respecto al presunto autor del robo. ¿No se había recibido de
Londres una orden de detención? No se había recibido nada. Y, en
efecto, la orden, mandada después de la partida de Fogg, no podía
haber llegado aún.

Fix quedó desconcertado. Quiso obtener del jefe de policía una
orden de arresto contra el caballero Fogg. Pero aquél rehusó dárse-
la. El asunto dependía de la administración metropolitana, a la cual
correspondía legalmente extender la orden. Esta severidad de principios, esta rigurosa observancia de la legalidad, se explica perfectamente en las costumbres inglesas, que, en materia de libertad
individual, no admiten ninguna arbitrariedad.

Fix no insistió, comprendiendo que debía resignarse a esperar la orden. Pero resolvió no perder de vista a su impenetrable bribón durante todo el tiempo que permaneciese en Bombay. No le cabía la menor duda de que Phileas Fogg se detendría allí —tal era también el criterio de Passepartout—, lo que daría tiempo a la llegada de la orden de arresto.

Pero desde las últimas órdenes recibidas de su amo al desembarcar del **Mongolia** Passepartout había comprendido que en Bombay sucedería lo mismo que había ocurrido en París y en Suez, a saber: que el viaje continuaría por lo menos hasta Calcuta, y tal vez más lejos. Y empezó a preguntarse si aquella apuesta de Fogg no iría en serio y si la fatalidad no lo arrastraría a él también a dar la vuelta al mundo en ochenta días.

Mientras tanto, y tras la compra de algunas camisas y calcetines, Passepartout se paseó por las calles de Bombay. Estaban muy concurridas y, mezclados con europeos de todas las nacionalidades, veíanse persas tocados con gorros puntiagudos, buniatos con redondos turbantes, sindes con birretes cuadrados, armenios de largas túnicas, parsis con mitras negras.

Precisamente se celebraba una fiesta de estos parsis o guebros, descendientes directos de los seguidores de Zoroastro, que son los más industriosos, los más civilizados, los más inteligentes, y los más austeros de los hindús, raza a la que actualmente pertenecen los ricos comerciantes indígenas de Bombay. Aquel día celebraban una especie de carnaval religioso, con procesiones y algazara, en el cual figuraban bayaderas ataviadas con gasas rosadas con bordados de oro y plata que, al son de violas y batintines, danzaban maravillosamente, y con una perfecta decencia, por otra parte.

Ni qué decir tiene que Passepartout contemplaba tan curiosas ceremonias aguzando la vista y el oído, a fin de no perder detalle, y dando a su rostro una expresión sumamente boba.

Desgraciadamente para él y para su amo, cuyo viaje comprometió, su curiosidad lo llevó más lejos de lo conveniente.

En efecto, después de haber entrevisto aquel carnaval parsi, Passepartout se dirigía hacia la estación cuando, al pasar por delante de la admirable pagoda de Malebar-Hill, tuvo la malhadada idea de visitar el interior.

Passepartout ignoraba dos cosas: primero, que la entrada en determinadas pagodas hindúes está terminantemente prohibida a los cristianos, y, después, que los mismos creyentes no pueden entrar sin dejar su calzado a la puerta. Hay que observar aquí que, por razones de sana política, el Gobierno inglés, respetando y haciendo respetar hasta en sus más insignificantes detalles la religión del país, castiga severamente a quien viola dichas prácticas.

Passepartout entró allí, inocentemente, como un simple turista, y admiraba la brillante ornamentación bramánica, cuando de repente fue derribado por las sagradas losas.

Tres sacerdotes, echando fuego por los ojos, se precipitaron sobre él, le arrancaron los zapatos y los calcetines y comenzaron a molerlo a golpes, profiriendo salvajes gritos.

El francés vigoroso y ágil, se levantó con presteza. De un puñetazo y de una patada derribó a dos de sus adversarios, muy embarazados con sus túnicas, y, huyendo de la pagoda con toda la rapidez que le permitían sus piernas, dejó pronto atrás al tercer hindú, que lo perseguía al mismo tiempo que amotinaba a la muchedumbre contra el extranjero.

A las ocho menos cinco, pocos minutos antes de la salida del tren, Passepartout, descalzo, y habiendo perdido en la pelea el paquete que contenía sus compras, llegaba a la estación del ferrocarril.

Fix se encontraba en el andén. Habiendo seguido a Fogg hasta la estación, comprendió que el bribón se disponía a partir de Bombay. Tomó inmediatamente la decisión de acompañarlo hasta Calcuta, y más lejos aún, si era necesario. Passepartout no advirtió a Fix, que permanecía en la sombra, pero el policía oyó la explicación de sus aventuras, que el criado narró en pocas palabras a su amo.

—Espero que esto no se repetirá— se limitó a contestar Fogg, tomando asiento en uno de los vagones del tren.

El pobre muchacho, descalzo y aturdido, siguió a su amo sin abrir la boca.

Fix se disponía a subir en otro vagón, cuando una idea lo retuvo y desistió de su proyecto de viaje.

—No, me quedo —murmuró para sí—. Un delito cometido en territorio de la India... ¡ya tengo a mi hombre!

En aquel momento la locomotora silbó con estridencia y el tren desapareció en las sombras de la noche.

# XI

## En el que Phileas Fogg compra una cabalgadura a un precio fabuloso

El tren había partido a la hora reglamentaria. Llevaba unos cuantos viajeros, algunos oficiales, funcionarios civiles y negociantes en opio e índigo. Passepartout ocupaba el mismo compartimiento que su amo. Un tercer viajero se encontraba instalado en el rincón opuesto. Era el brigadier general sir Francis Cromarty, uno de los compañeros de juego de Fogg durante la travesía de Suez a Bombay, que iba a reincorporarse a sus tropas acantonadas en Benarés.

Sir Francis Cromarty, un hombre alto y rubio, de unos cincuenta años, se había distinguido notablemente en la última revuelta de cipayos y podía merecer perfectamente el calificativo de indígena. Residía en la India desde su juventud y sólo había realizado contados viajes a su país natal.

Era un hombre instruido que hubiera podido suministrar de buena gana datos sobre las costumbres, la historia y la organización del país hindú si Phileas Fogg hubiese sido capaz de pedirlos. Pero nuestro caballero no preguntaba nunca nada: no viajaba, sino que describía una circunferencia. Era un cuerpo lleno de gravedad que recorría una órbita alrededor del globo terráqueo siguiendo las leyes de la mecánica tradicional. En aquel momento rehacía el cálculo de las horas invertidas desde su partida de Londres, y se hubiera frotado las manos de satisfacción si hubiese sido capaz de hacer un movimiento innecesario.

Sir Francis Cromarty no había dejado de advertir la originalidad de su compañero de viaje, pese a que sólo lo había estudiado con las cartas en la mano y entre dos partidas. Así, pues, se hallaba inclinado a preguntarse si un corazón humano latía bajo aquella glacial envoltura, si Phileas Fogg tenía un alma sensible a las bellezas de la naturaleza, a las aspiraciones morales. Esto era una cuestión que tenía que ventilar. De todos los tipos originales que el brigadier había encontrado en su vida, ninguno podía compararse a aquel producto de las ciencias exactas.

Phileas Fogg no había ocultado a sir Francis Cromarty el proyecto de su vuelta al mundo ni en qué condiciones pretendía efectuarla. El brigadier general no vio en aquella apuesta más que una excentricidad sin ningún fin útil y a la que necesariamente faltaba el estímulo que debe guiar a todo hombre razonable. A juzgar por la forma en que el extravagante caballero procedía no haría nada de provecho para él ni para los demás.

Una hora después de haber abandonado Bombay, el tren franqueando los viaductos, había atravesado la isla de Salcette y corría hacia el continente. En la estación de Callyán dejó a su derecha el ramal que, por Kandallah y Puna, desciende hacia el sudeste de la India; y llegó a Pauwell. Desde allí se internó por las ramificaciones de los Ghates occidentales, cordillera basáltica cuyas altas cimas están cubiertas de espesos bosques. De vez en cuando, sir Francis Cromarty y Phileas Fogg cambiaban algunas palabras. Pero el brigadier general, deseando animar la conversación, dijo:

—Hace algunos años, señor Fogg, habría usted sufrido en este sitio en que nos encontramos ahora un retraso que hubiera comprometido probablemente su itinerario.

—¿Por qué, sir Francis?

—Porque el ferrocarril sólo llegaba hasta la base de esas montañas, que era preciso atravesar en palanquín o a caballo hasta la estación de Kandallah, situada en la vertiente opuesta.

—Tal retraso no hubiera de ninguna manera desbaratado mi programa —contestó Fogg—. No he dejado de prever la eventualidad de ciertos obstáculos.

—Sin embargo, señor Fogg —prosiguió el brigadier general—, se expone usted a un serio percance a causa de la aventura de su criado.

Passepartout, con los pies envueltos en una manta, dormía profundamente y no se imaginaba, ni en sueños, que hablaran de él.

—El gobernador inglés es extremadamente severo, y con razón, para esta clase de delitos —continuó sir Francis Cromarty—. Por encima de todo, tiene empeño en que se respeten las costumbres religiosas hindúes, y si el criado de usted hubiese sido detenido...

—Pues bien, si hubiese sido detenido, sir Francis —respondió Fogg—, habría sido condenado, habría sufrido la pena correspondiente y luego hubiese regresado tranquilamente a Europa. No veo en qué este asunto podía retardar a su amo.

De nuevo la conversación decayó. Durante la noche el tren atravesó los Ghates, llegó a Nassik, al día siguiente, 21 de octubre, se lanzaba a través de un país relativamente llano formado por el territorio de Khandeish. El campo, bien cultivado, estaba sembrado de aldeas, por encima de las cuales el minarete de la pagoda remplazaba el campanario de la iglesia europea. Numerosos riachuelos, la mayoría afluentes o subafluentes de Godaverry, irrigaban aquella fértil comarca.

Passepartout, ya despierto observaba el paisaje y no podía creer que estaba atravesando el país de los hindúes en un tren del **Great Peninsular Railway.** Le parecía imposible. Sin embargo, era verdad. La locomotora, conducida por el brazo de un maquinista inglés y alimentada con hulla inglesa, lanzaba humo sobre las plantaciones de algodón, de café, nuez moscada, clavo y pimienta. El humo formaba espirales alrededor de los bosquecillos de palmeras, en los cuales habían pintorescos **bungalows,** parecidos a monasterios abandonados, y maravillosos templos, enriquecidos por la inagotable ornamentación de la arquitectura hindú. A lo lejos se columbraban extensas llanuras y junglas donde no faltaban ni las serpientes ni los tigres, asustados por los bramidos del tren y, finalmente, los bosques hendidos por el trazado del ferrocarril, frecuentemente aún por elefantes que contemplaban fascinados el paso del raudo convoy.

Aquella mañana, después de dejar atrás la estación de Malligaum, los viajeros atravesaron aquel territorio funesto que fue tan a menudo ensangrentado por los sectarios de la diosa Kali. No muy lejos se levantaba Ellora, con sus admirables pagodas, y, también cerca, la célebre Aurumgbad, capital del feroz Aureng-Zeb, en la actualidad simple capital de una de las provincias segregadas del reino de Nizam. Era en esta comarca donde Feringhea, el jefe de los thugs, el rey de los estranguladores, ejercía su dominación. Esos asesinos, unidos en una asociación misteriosa, estrangulaban, en honor de la diosa de la Muerte, a víctimas de todas las edades, sin derramar sangre jamás, y hubo una época en que era imposible recorrer ningún paraje de aquella región sin encontrar un cadáver. El gobierno inglés ha podido impedir estos asesinatos en una notable proporción, pero la espantosa asociación existe y actúa todavía.

A las doce y media, el tren se detuvo en la estación de Burhampour, donde Passepartout pudo comprarse unas babuchas, adornadas con perlas falsas, que se calzó con una evidente vanidad.

Los viajeros almorzaron rápidamente y partieron hacia la estación de Assurghur, tras haber bordeado por unos momentos las orillas del Tapty, riachuelo que desemboca en el golfo de Cambodge, cerca de Surate.

Será conveniente ahora dar a conocer algunos de los pensamientos que ocupaban la mente de Passepartout. Hasta su llegada a Bombay había creído, y podido creer, que las cosas no pasarían más adelante. Pero la sazón, en que atravesaba a toda velocidad la India, un cambio se había operado en su espíritu. Su naturaleza luchaba por sus fueros. Volvía a encontrar las ideas fantásticas de su juventud, tomaba en serio los proyectos de su amo, creía en la realidad de la apuesta y, por lo tanto, en aquella vuelta al mundo y en el plazo máximo para que se efectuara el cual no podía ser sobrepasado. Incluso se inquietaba ya por los posibles retrasos y accidentes que podían sobrevenir.

En cierta manera, sentíase interesado en aquel juego, y temblaba ante la idea de que había podido comprometerlo la víspera, por su imperdonable necedad. Por otra parte, menos flemático que Fogg, estaba mucho más inquieto. Contaba y volvía a contar los días transcurridos, maldecía las paradas del tren, lo acusaba de lentitud y censuraba *in petto* a Phileas Fogg por no haber prometido una prima al maquinista. El pobre muchacho ignoraba que lo que es posible en un paquebote no lo es en un tren, donde la velocidad está reglamentada.

Por la tarde, el tren empezó a internarse por los desfiladeros de las montañas del Sutpour, que separan el territorio de Khandeish del de Bundelkud. Al día siguiente 22 de octubre a una pregunta hecha por sir Francis Cromarty, Passepartout, después de consultar su reloj, contestó que eran las tres de la mañana. En efecto, el famoso reloj, siempre a la hora del meridiano de Greenwich, que se encontraba a unos 67° al Oeste, debía atrasar y atrasaba realmente cuatro horas.

Sir Francis rectificó, pues, la hora a Passepartout, a quien hizo la misma observación que había sido hecha a éste por Fix. El brigadier general trató de hacerle comprender que debía poner la hora de acuerdo con cada nuevo meridiano, y que, puesto que marchaba constantemente hacia el este, es decir, adelantando al sol, los días se acortaban tantas veces cuatro minutos como grados recorridos. Pero fue inútil. El obstinado Passepartout, hubiese comprendido o no la observación del brigadier general, se empeñó en no adelantar su reloj, que mantuvo invariablemente a la hora de Londres, inocente manía que, por otra parte, no podía perjudicar a nadie.

A las ocho de la mañana, tras haber rebasado en quince millas la estación de Rothal, el tren se detuvo en medio de un basto calvero, bordeado de algunos bungalows y cabañas de obreros. El revisor recorrió la línea de vagones diciendo:

—Los viajeros se apean aquí.

Phileas Fogg miró a sir Francis Cromarty, quien, por su parte, no comprendía a qué se debía aquella parada en medio de un bosque de tamarindos y de Khajours.

Passepartout, no menos sorprendido descendió a la vía y regresó casi enseguida, exclamando:

—¡Señor, se terminaron los railes!

—¿Qué quiere usted decir? —preguntó sir Francis.

—Quiero decir que el tren no continúa.

El brigadier general bajó también del vagón, seguido de Phileas Fogg. Ambos se dirigieron al revisor.

—¿Dónde estamos? —preguntó sir Francis Cromarty.

—En la aldea de Kholby —contestó el revisor.

—¿Nos detenemos aquí?

—Sin duda. El tendido de la línea no está terminado...

—¿Cómo? ¿No está terminado?

—No. Falta todavía un trozo de cincuenta millas entre el lugar en que nos encontramos y Allahabad, donde la línea continúa.

—Los periódicos anunciaron la inauguración total del ferrocarril.

—¡Qué le vamos a hacer! Los periódicos se equivocaron.

—¡Y expiden billetes de Bombay a Calcuta! —exclamó el brigadier general que empezaba a acalorarse.

—Así es —contestó el revisor—. Pero los viajeros saben perfectamente que deben hacerse trasladar de Kholby a Allahabad.

Sir Francis Cromarty estaba furioso. Passepartout hubiese golpeado de buena gana al revisor, que se encontraba confuso y sin saber a dónde mirar.

—Sir Francis —dijo simplemente Fogg—, si le parece bien vamos a discurrir un medio de llegar a Allahabad.

—Señor Fogg, ¿cree usted que este retraso pueda afectar el éxito de su empresa?

—No sir Francis: estaba previsto.

—¿Cómo? ¿Sabía usted que la vía...?

—En absoluto. Pero sabía que un obstáculo cualquiera surgiría, tarde o temprano en mi camino. Así, pues, no hay nada comprometido. Voy adelantado dos días, que puedo sacrificar. Hay un buque que zarpa de Calcuta para Hong-Kong el día 25 al medio día. Estamos a 22 y llegaremos a tiempo a Calcuta.

Ante una seguridad tan completa, nada podía objetarse. Era cierto que los trabajos del ferrocarril terminaban allí. Los periódicos, como ciertos relojes que tienen la manía de adelantar, habían anunciado prematuramente la terminación de la línea. La mayoría de los pasajeros estaba enterada de aquella interrupción del ferrocarril y, al descender del tren, se había apoderado de todos los vehículos que había en el pueblo: carros de cuatro ruedas, carretas tiradas por cebús (especie de bueyes gibosos), carromatos semejantes a pagodas ambulantes, palanquines, caballos, etc. Debido a ello, Fogg y sir Francis, tras haber buscado por toda la aldea regresaron sin haber podido encontrar nada.

—Iré a pie —dijo Phileas Fogg.

Passepartout, que se había acercado a su amo, hizo una significativa mueca, tras contemplar sus magníficas pero insuficientes babuchas. Afortunadamente, había practicado algunas exploraciones.

—Señor —dijo, con cierta vacilación—, creo haber encontrado un medio de transporte.

—¿Cuál?

—¡Un elefante! Un elefante que pertenece a un hindú que vive cerca de aquí.

—Vamos a ver al elefante–respondió Fogg.

Cinco minutos más tarde, Phileas Fogg, sir Francis Cromarty y Passepartout llegaban a una choza rodeada por una cerca formada por una alta empalizada. En la choza había un hindú y, junto a la cerca, un elefante. El hindú franqueó el paso a Fogg y a sus dos acompañantes.

En el cercado hallaron a un animal medio domesticado que era amaestrado por su propietario, no para utilizarlo en trabajos de tiro y carga, sino para el combate. Para tal fin, había empezado a modificar la índole naturalmente pacífica de la bestia, con el óbjeto de llevarlo gradualmente al paroxismo de la rabia llamado **mutsh** en idioma hindú para lo cual lo había estado alimentando durante tres meses con azúcar y manteca. Dicho tratamiento tal vez parezca impropio para conseguir tal resultado, pero se emplea con éxito por los cuidadores. Por fortuna para Fogg, el elefante en cuestión acababa de ser sometido a dicho régimen y el mutsh no se había declarado todavía **Kiumi**–éste era el nombre de la bestia– podía, como todos sus congéneres, sostener duramente mucho tiempo una rápida marcha a falta de otra montura. Phileas Fogg decidió emplearlo.

Pero los elefantes son caros en la India, donde empiezan a escasear. Los machos, que utilizan en las luchas de los circos, son muy buscados. Estos animales se reproducen raramente en estado de domesticidad, debido a lo cual sólo pueden obtenerse cazándolos, por eso son objeto de solícitos cuidados, y cuando Phileas ¡ Fogg pidió al hindú si quería alquilarle su elefante, el hindú se negó rotundamente a ello. Fogg insistió y ofreció por la bestia un precio excesivo: diez libras por hora. Negativa. ¿Veinte libras? Tampoco. ¿Cuarenta libras? Nueva negativa. Passepartout botaba a cada nueva oferta. Pero el hindú no se dejaba tentar. Sin embargo, la suma era importante admitiendo que el elefante emplease quince horas en llegar al Allahabad, el viaje representaba la cantidad de seiscientas libras, que recibiría el dueño de la bestia.

Phileas Fogg, sin dar señales de animación, propuso entonces al hindú comprarle el elefante y le ofreció mil libras por él.

El hindú no quería vender. El pícaro probablemente olfateaba un magnífico negocio. Sir Francis Cromarty habló aparte con Fogg y le pidió que reflexionase antes de ir más lejos. Fogg contestó a su compañero que no tenía por costumbre obrar irreflexivamente; que se trataba, en resumidas cuentas, de una apuesta de veinte mil libras, que necesitaba el elefante y que, aunque tuviera que pagar veinte veces lo que valía, tendría el animal.

Fogg volvió al lado del hindú, cuyos ojitos brillaban de codicia y adelantaban que, para él, era una cuestión de precio. Phileas Fogg ofreció sucesivamente, 1.200 libras, después 1.800 y, finalmente 2.000. Passepartout por lo general tan sonrosado, estaba pálido de emoción.

A las dos mil libras el hindú se rindió.

—¡Por mis babuchas! —exclamó Passepartout—. Cara se paga la carne de elefante.

Cerrado el trato, sólo se requería encontrar un guía. Esto era cosa más fácil. Un joven parsi, de rostro inteligente, ofreció sus servicios. Fogg aceptó y le prometió una buena retribución. El elefante fue preparado y equipado al punto.

El parsi conocía perfectamente el oficio de **mahout** o cornac. Cubrió con una especie de gualdrapa el lomo de la bestia y acomodó, a ambos lados, una especie de artolas bastante incómodas. Phileas Fogg pagó al hindú en billetes de banco que fueron sacados del famoso saco. Parecía verdaderamente que los arrancasen de las entrañas de Passepartout. Después Fogg ofreció a sir Francis llevarlo hasta la estación de Allahabad. El brigadier general aceptó.

Se adquirieron víveres en Kholby. Sir Francis se acomodó en una las artolas y Fogg en la otra. Passepartout se instaló a horcajadas sobre la gualdrapa, entre su amo y el brigadier general. El parsi se aposentó en el cuello del elefante, y a las nueve salían todos de la aldea para internarse por el camino más corto en la selva espesa de palmeras.

# XII

*En el que Phileas Fogg y sus compañeros
se aventuran en las selvas de la India, y se
narra lo que les ocurrió*

El guía, a fin de acortar la distancia, dejó a la derecha el trazado de la vía férrea en construcción. Dicho trazado, muy obstaculizado por las caprichosas ramificaciones de los montes Vindhias, no seguía el camino más corto que Phileas Fogg deseaba tomar. El parsi, muy familiarizado con los caminos y senderos del país, trataba de ganar una veintena de millas cortando a través de la selva, y se confió a él.

Fogg y sir Francis, metidos hasta el cuello en las artolas, eran rudamente zarandeados por el fuerte trote del elefante, al que su cornaz imprimía una marcha rápida. Pero soportaban la situación con la flema más británica, hablando de todos modos, aunque apenas se veían.

En cuanto a Passepartout, instalado en el lomo de la bestia y directamente sometido a las sacudidas, se guardaba mucho, siguiendo una recomendación de su amo, de poner la lengua entre los dientes, porque se la hubiera podido seccionar. El buen muchacho, lanzado a veces sobre la grupa, daba volteretas como un payaso en el trampolín. Pero bromeaba y, de vez en cuando, sacaba de su saco un pedazo de azúcar que el inteligente **kiumi** tomaba con el extremo de la trompa sin interrumpir por un solo momento su trote regular.

Después de dos horas en marcha, el guía detuvo al elefante y le concedió una hora de descanso. El animal devoró ramas y arbustos, después de haber apagado su sed en una charca cercana. Sir Francis no se quejó de aquella parada. Estaba materialmente molido. Fogg parecía tan dispuesto como si acabase de levantarse de la cama.

—¡Este hombre es de hierro! —dijo el brigadier general, mirándolo con admiración.

A las doce, el guía dio la señal de partida. El país tomó pronto un aspecto salvaje. A las grandes selvas sucedieron bosquecillos de tamarindos y de palmeras enanas y luego extensas y áridas llanuras, erizadas de desmedrados arbustos y sembradas de grandes bloques de sienita. Toda aquella parte del alto Bundelkund, poco frecuentada por los viajeros, está habitada por una población fanática y endurecida por las prácticas más terribles de la religión hindú. La dominación inglesa no ha conseguido establecerse de manera regular sobre un territorio sometido a la influencia de las rajás, difícilmente alcanzables en sus inaccesibles retiros de los montes Vindhias.

En varias ocasiones se vieron partidas de feroces hindús, que gesticulaban presas de cólera al ver pasar al rápido cuadrúpedo. El parsi los evitaba en la medida que le era posible, pues no deseaba tener un mal encuentro. Se vieron pocos animales durante la jornada: apenas algunos monos, que huían haciendo mil contorsiones y muecas que divertían a Passepartout. A éste le inquietaba un pensamiento, entre otros. ¿Qué haría Fogg del elefante, una vez llegaran a la estación de Allahabad? ¿Se lo llevaría consigo? Imposible. El precio del transporte, añadido al de su adquisición, haría de él un animal ruinoso. ¿Lo vendería o lo dejaría en libertad? Aquella estimable bestia merecía que se tuvieran méritos con ella. Si, por casualidad, Fogg lo regalaba, Passepartout se encontraría en un gran apuro. Esto no dejaba de preocuparlo.

A las ocho de la noche la principal cadena de los Vindhias había sido atravesada y los viajeros hicieron alto al pie de la vertiente septentrional, en un **bungalow** en ruinas.

La distancia recorrida durante la jornada era de unas veinticinco millas, y quedaba un trecho igual hasta la estación de Allahabad.

La noche era fría. En el interior del **bungalow** el parsi encendió fuego en ramas secas, cuyo calor fue muy apreciado. La cena se compuso de las provisiones compradas en Kholby. Los viajeros comieron como gente zarandeada y molida. La conversación, que empezó tras algunas frases entrecortadas, se terminó pronto entre sonoros ronquidos. El guía veló al lado de **Kiumi**, que se durmió de pie, apoyado contra el tronco de un grueso árbol.

Aquella noche no ocurrió ningún incidente digno de mención. Algunos rugidos de onzas y panteras turbaron a veces el silencio, mezclado con los agudos chillidos de los monos. Pero las fieras se limitaron a rugir y no hicieron ninguna demostración hostil contra los huéspedes del **bungalow**. Sir Francis Cromarty durmió como un leño, como un bravo militar muerto de fatiga. Passepartout, en su agitado sueño, reanudó las volteretas de la víspera. En cuanto a Fogg, descansó tan apaciblemente como si hubiese estado en su tranquila casa de Saville Row.

La marcha se reanudó a las seis de la mañana. El guía esperaba llegar a la estación de Allahabad aquella misma tarde. De esta manera, Fogg no perdería más que una parte de las cuarenta y ocho horas economizadas desde el comienzo del viaje.

Descendieron las últimas pendientes de los Vindhias. El elefante había reanudado su rápida marcha. Hacia el mediodía, el cornac contorneó la aldea de Kallenger, situada sobre el Cani, uno de los subafluentes del Ganges. Evitaba siempre los sitios habitados porque se sentía más seguro en los campos desiertos, que marcan las primeras depresiones de la cuenca del gran río. La estación de Allahabad se encontraba a unas doce millas al nordeste. Acamparon en un bosquecillo de plátanos, cuyos frutos, tan sanos como el pan y "tan suculentos como la crema", fueron muy apreciados.

A las dos de la tarde, el guía se adentró en la espesa selva, que debía atravesar durante muchas millas. Prefería viajar al abrigo del bosque. Gracias a ello, no había tenido hasta entonces ningún desagradable encuentro, y el viaje parecía que iba a terminar sin incidentes, cuando el elefante, tras dar algunas muestras de inquietud, se detuvo súbitamente.

Eran las cuatro entonces.

—¿Qué ocurre? —preguntó sir Francis Cromarty, asomando la cabeza de su artola.

—No lo sé, señor —contestó el parsi, prestando oído a un confuso murmullo que se percibía a través de la espesura.

Al cabo de unos instantes, el rumor se hizo más definido. Semejaba un concierto, aún lejano, de voces humanas y de instrumentos de cobre.

Passepartout era todo ojos y oídos. Fogg esperaba pacientemente, sin pronunciar ni una palabra.

El parsi saltó al suelo, amarró al elefante a un árbol y penetró en lo más espeso del bosque. A poco volvió y dijo:

—Una procesión de brahmanes se acerca por este lado. Si es posible evitemos que nos vean.

El guía desató al elefante, lo condujo a un gran matorral y recomendó a los viajeros que no se apeasen. En cuanto a él se mantuvo dispuesto a montar rápidamente si la huída se hacía necesaria. Pero pensó que el religioso cortejo pasaría sin verlos, pues el espesor del follaje los ocultaba completamente.

El discordante ruido de voces y de instrumentos se iba acercando, cantos monótonos se mezclaban a los sones de los tambores y los címbalos. Pronto la cabeza de la procesión apareció bajo los árboles, a unos cincuenta pasos del sitio donde se encontraban Fogg y sus compañeros. Distinguían perfectamente a través de las ramas el curioso personal de aquella ceremonia religiosa.

Delante marchaban los sacerdotes, tocados con mitras y vestidos con bordadas túnicas. Iban rodeados de hombres, mujeres y niños que cantaban una especie de fúnebre salmodia, interrumpida a intervalos regulares por los golpes de los batintines y de los címbalos. Detrás de ellos, en un carro de anchas ruedas, cuyos radios y llantas figuraban un entrelazamiento de serpientes, apareció una repugnante estatua, arrastradas por los parajes de cebús ricamente enjaezados. La estatua tenía cuatro brazos y el cuerpo estaba pintado de un color rojo oscuro; la mirada era hosca, los cabellos enmarañados, la lengua colgante y los labios teñidos de alheña y de betel. A su cuello se arrollaba un collar de calaveras y ceñía sus flancos un cinturón de manos cortadas. Se mantenía erguida sobre el cuerpo de un gigante decapitado.

Sir Francis Cromarty reconoció la estatua.

—Es la diosa Kali —murmuró—, la diosa del amor y de la muerte.

—De la muerte, estoy de acuerdo, pero del amor, ¡jamás! —dijo
Passepartout—. ¡Qué horrible mujer!

El parsi le hizo seña de que se callara.

Alrededor de la estatua se agitaba, bullía y convulsionaba un
grupo de viejos faquires, listados de bandas ocres, cubiertos de in-
cisiones cruciales que goteaban sangre, estúpidos energúmenos
que, en las grandes ceremonias hindúes, se precipitaban bajo las
ruedas de los carros de Jaggernaut. Detrás de ellos, algunos brahmanes, con toda la pompa oriental, arrastraban a una mujer que
apenas podía sostenerse en pie.

Aquella mujer era joven y blanca como una europea. Su cabeza,
su cuello, sus orejas, sus brazos, sus manos, sus pies, estaban carga-
dos de joyas, collares, brazaletes, pendientes y anillos. Una túnica
adornada de laminillas de oro, recubierta de una ligera muselina,
dibujaba los contornos de su talle. Detrás de la joven —formando
contraste violento—, una guardia de honor, armada con desnudos
sables y damasquinadas pistolas, conducía un cadáver en un palanquín. Era el cuerpo de un viejo, ataviado con los ricos vestidos de
rajá y llevando, como en vida, el turbante bordado de perlas, la túnica de seda y oro, el cinturón de cachemira con diamantes y magníficas armas de príncipe de la India.

Cerraban el cortejo los músicos y una retaguardia de fanáticos,
cuyos gritos ahogaban a veces el estruendo ensordecedor de los
instrumentos musicales.

Sir Francis Cromarty contemplaba toda aquella  pompa con su
aire singularmente triste. Volviéndose hacia el guía, dijo:

—¿Un **sutty**?

El parsi hizo un gesto afirmativo y se cruzó los labios con un de-
do. La larga procesión fue desfilando lentamente bajo los árboles y
pronto las últimas hileras desaparecieron en la profundidad de la
selva.

Poco a poco los cantos dejaron de oírse. Hubo todavía algunos
gritos lejanos y luego se hizo un profundo silencio.

Phileas Fogg que había oído aquella palabra pronunciada por
sir Francis, en cuanto la procesión hubo desaparecido, preguntó:

—¿Qué es un **sutty**?

—Un **sutty**, señor Fogg —contestó el brigadier general—, es un sacrificio humano, pero un sacrificio voluntario. La mujer que hemos visto será quemada mañana, a primeras horas del día.

—¡Ah, miserables! exclamó Passepartout, sin poder reprimir su indignación.

—¿Y el cadáver? —Preguntó Fogg.

—Es el del príncipe, su marido —contestó el guía—, un rajá independiente de Bundelkund..

—¿A qué se debe —prosiguió Phileas Fogg, sin mostrar la menor emoción— que esas bárbaras costumbres existan todavía en la India y que los ingleses no hayan podido suprimirlas?

—En la mayor parte de la India —respondió sir Francis— ya no se llevan a cabo esos sacrificios; pero no tenemos ninguna influencia en estas salvajes comarcas, y principalmente en este territorio de Bundelkund. Toda la vertiente de los Vindhias es teatro de asesinatos y saqueos incesantes.

—¡Desgraciada! —murmuró Passepartout—. ¡Quemada viva!

—Sí, prosiguió el brigadier general—, quemada. Si no lo fuera, no pueden ustedes imaginarse a qué miserable condición se vería reducida por sus deudos. Le cortarían la cabellera, sería alimentada con unos puñados de arroz, la rechazarían, sería considerada como una criatura inmunda y moriría en cualquier rincón como un perro sarnoso. La perspectiva de una existencia tan horrible impulsa a esas desgraciadas al suplicio, más que el amor o el fanatismo religioso. No obstante, algunas veces el sacrificio es realmente voluntario, y hace falta la enérgica intervención del gobierno para evitarlo. Hace algunos años, residiendo yo en Bombay, vino una joven viuda a pedir autorización para ser quemada con el cuerpo de su esposo. Como pueden ustedes suponer, el gobernador rehusó; entonces la viuda fue a refugiarse en el territorio de un rajá independiente, donde consumó su sacrificio.

Mientras el brigadier general hablaba, el guía hizo varios movimientos negativos con la cabeza, y cuando el relato terminó dijo:

—El sacrificio que se celebrará mañana, al rayar el día, no es voluntario.

—¿Cómo lo sabe usted?

—Es una historia que todo el mundo conoce en Bundelkund —contestó el guía.

—Sin embargo, esa desgraciada no parecía ofrecer ninguna resistencia —observó sir Francis.

—Ello se debe a que ha sido embriagada con humo de cáñamo y opio.

—Pero, ¿a dónde la conducen?

—A la pagoda de Pillaji, que se encuentra a dos millas de aquí. Pasará en ella la noche, esperando la hora del sacrificio.

—¿Y el sacrificio tendrá lugar...?

—Mañana al apuntar la aurora.

Después de esta respuesta, el guía sacó al elefante del matorral y se encaramó al cuello del animal, pero en el momento en que iba a silbar para excitarlo, Fogg lo detuvo y, dirigiéndose a sir Francis, le dijo:

—¿Y si salvásemos a esa mujer?

—¿Salvar a esa mujer, señor Fogg?

—Dispongo de un adelanto de doce horas. Puedo consagrarlas a eso.

—¡Cáspita! Es usted un hombre de corazón.

—A veces —respondió simplemente Phileas Fogg—. Cuando tengo tiempo.

# XIII

## En el que Phileas Fogg demuestra una vez más que la fortuna sonríe a los audaces

La empresa era atrevida, erizada de dificultades, quizás impracticable. Fogg iba a arriesgar su vida, o por lo menos su libertad, y, como consecuencia, el éxito de sus proyectos, pero no vaciló. Por otra parte, encontró en sir Francis un decidido auxiliar.

En cuanto a Passepartout, estaba dispuesto a lo que fuese, podían disponer de él. La idea de su amo lo exaltaba. Bajo aquella envoltura de hielo, sentía latir su corazón, había un alma. Empezaba a querer a su amo.

Quedaba el guía. ¿Qué partido tomaría en aquella empresa? ¿No se pondría al lado de los hindúes? a falta de su ayuda, era preciso asegurar su neutralidad.

Sir Francis Cromarty le planteó la cuestión francamente.

—Señor —contestó el guía—, soy parsi, y esa mujer también lo es. Disponga de mí.

—Bien, guía —respondió Fogg.

—De todas maneras -prosiguió el parsi—, sepan ustedes que no sólo arriesgamos nuestras vidas, sino que nos exponemos a suplicios espantosos si somos capturados. Reflexionen en ello.

—Ya está reflexionado —contestó Fogg—. Creo que tendremos que esperar la llegada de la noche para actuar, ¿no es así?

—Soy de la misma opinión —dijo el guía.

El valiente hindú proporcionó algunos detalles sobre la víctima. Era una hindú célebre por su belleza, parsi de raza, hija de un rico comerciante de Benarés. En dicha ciudad había tenido una educación inglesa y sus modales eran del todo europeos. Se llamaba Aouda.

Huérfana, fue casada contra su voluntad con el anciano rajá de Bundelkund. Enviudó tres meses después y, sabiendo que la muerte la esperaba, se escapó pero fue capturada, y la familia del rajá que tenía interés en su muerte, la condenó al suplicio, del cual parecía difícil que pudiera librarse.

Este relato hizo que Fogg y sus compañeros se arraigaran en su generosa resolución. Decidióse que el guía dirigiría al elefante hacia la pagoda de Pillaji, a la cual se acercaría lo más posible.

Media hora después se hizo alto en un soto, a quinientos pasos de la pagoda, que se divisaba perfectamente. Oíanse los alaridos de los fanáticos.

Se discutió la manera de llegar hasta la víctima. El guía conocía la pagoda de Pillaji, donde, según afirmaba, la joven se hallaba presa. ¿Podría penetrar por una de las puertas, cuando toda la banda estuviese dormida, o habría que practicar una brecha en la muralla? Esto sólo podría decidirse cuando estuvieran en el lugar de la acción. Pero lo que no ofrecía duda es que el salvamento tenía que realizarse aquella misma noche, y no al día siguiente, cuando la víctima fuese conducida al suplicio. En aquel momento, ninguna intervención humana podría salvarla.

Fogg y sus compañeros esperaron que anocheciera. Cuando empezaron a caer las primeras sombras de la noche, hacia las seis, decidieron practicar un reconocimiento alrededor de la pagoda. Se oyeron los últimos gritos de los faquires. Según su costumbre, aquellos hindúes debían estar sumidos en la espesa embriaguez del **hang** —opio líquido, mezclado con una infusión de cáñamo—, y tal vez sería posible deslizarse entre ellos hasta el templo.

El parsi, guiando a Fogg, a sir Francis Cromarty y a Passepartout, avanzó sigilosamente a través del bosque. Después de arrastrarse durante diez minutos bajo las ramas, llegaron a orillas de un riachuelo, donde la luz proyectada por la llama de las antorchas, vieron un montón de leña. Era la pira, de precioso sándalo impregnado de un aromático aceite. En su parte superior descansaba el cuerpo embalsamado del rajá, que debía ser quemado junto con su viuda.

A cien pasos de la pira se levantaba la pagoda, cuyos minaretes sobresalían, en la sombra, entre las copas de los árboles.

—Vengan —dijo el guía en voz baja.

Y, redoblando las precauciones, seguido de sus compañeros, se deslizó silenciosamente a través de las altas hierbas. El silencio sólo era interrumpido por el murmullo del viento en las ramas. El guía se detuvo en el extremo de un claro. Algunas antorchas iluminaban la plaza. El suelo estaba cubierto de grupos de durmientes, embotados por la embriaguez. Semejaba un campo de batalla cubierto de cadáveres. Estaban mezclados, hombres, mujeres y niños. Aquí y allá, roncaban algunos borrachos.

En el fondo, entre la masa de árboles, se levantaba el templo de Pillaji. Pero, con gran contrariedad del guía, los guardias del rajá, alumbrados por humeantes antorchas, vigilaban la puerta, paseándose con el sable desenvainado. Era de suponer que, en el interior del templo, los sacerdotes también velarían.

El parsi dejó de avanzar. Acababa de advertir la imposibilidad de forzar la entrada del templo. Condujo a sus compañeros hacia el punto de partida.

Phileas Fogg y sir Francis Cromarty habían comprendido también que nada podía intentar por aquel lado.

Se detuvieron y empezaron a hablar en voz baja.

—Esperemos —dijo el brigadier general—. No son más que las ocho y es posible que estos guardias sucumban también al sueño.

—Es posible, en efecto —dijo el parsi.

Phileas Fogg y sus compañeros se tendieron al pie de un árbol y esperaron. ¡Qué largo les pareció el tiempo! El guía se alejaba de ellos algunas veces, para ir a observar el lindero del bosque. Los guardias del rajá continuaban su vigilancia a la luz de las antorchas y una vaga claridad se filtraba a través de las ventanas de la pagoda.

Esperaron hasta medianoche, pero la situación no cambió. Era evidente que no se podría contar con la modorra de los guardias. La embriaguez del opio debió haberles sido prohibida. Por lo tanto, era necesario obrar de otra forma y penetrar por una abertura practicada en el muro de la pagoda. Faltaba saber si los sacerdotes velaban también a la víctima con tanta precaución como los soldados que montaban la guardia delante de la puerta del templo.

Tras una última conversación, el guía manifestó que estaba preparado. Fogg, sir Francis y Passepartout lo siguieron. Dieron un gran rodeo, con el fin de llegar a la pagoda por un extremo.

Hacia las doce y media llegaron al pie de los muros, sin haber encontrado a nadie. Ninguna vigilancia había sido montada en aquel lado, pero la verdad es que no había puertas ni ventanas.

La noche era oscura como boca de lobo. La luna, a la sazón en su último cuarto menguante, acababa de desaparecer tras el horizonte, cubierto de densos nubarrones. La altura de los árboles aumentaba la oscuridad.

Pero no bastaba haber llegado al pie de los muros; era necesario practicar una brecha. Para efectuar esta operación Fogg y sus compañeros sólo contaban con sus cuchillos. Por fortuna, los muros se componían de una mezcla de ladrillos y madera que no sería difícil de agujerear. Una vez quitado el primer ladrillo, los otros seguirían fácilmente.

Se entregaron a la tarea procurando hacer el menor ruido posible. El parsi, por un lado, y Passepartout por el otro, empezaron a separar ladrillos, con el objeto de abrir una brecha de dos pies de anchura.

El trabajo avanzaba, cuando se oyó un grito en el interior del templo, seguido de otros en el exterior.

Passepartout y el guía interrumpieron su trabajo. ¿Habían sido sorprendidos? La más elemental prudencia les ordenaba suspender el trabajo y alejarse, cosa que hicieron, seguidos de Fogg y sir Francis. Se agazaparon de nuevo en el bosque, en espera de que la alarma, si existía, se desvaneciera y pudieran continuar su faena.

Pero desgraciadamente algunos guardias se dirigieron a la fachada posterior de la pagoda y se situaron de una manera que impedía todo acercamiento.

Sería difícil describir el desaliento que embargó el ánimo de aquellos hombres al ver interrumpida su labor. Imposibilitados de llegar a la víctima, ¿cómo podrían salvarla? Sir Francis Cromarty se mordía los puños de rabia. Passepartout estaba fuera de sí y el guía apenas podía contenerse. El impasible Fogg esperaba, sin manifestar sus sentimientos.

—¿No nos queda más remedio que partir? —preguntó el brigadier general en voz baja.

—Sí, no hay otro remedio —respondió el guía.

—Esperemos —dijo Fogg—. Mientras mañana, antes del medio día, esté en Allahabad, es bastante.

—Pero, ¿qué espera usted? —respondió sir Francis—. Dentro de algunas horas amanecerá y...

—La oportunidad que se nos muestra arisca puede presentarse en el momento supremo.

El brigadier general hubiera querido poder leer en los ojos de Phileas Fogg. ¿En qué contaba aquel frío inglés? ¿Deseaba acaso abalanzarse sobre la joven en el momento del suplicio y arrancarla a la fuerza de sus verdugos?

Esto hubiera sido una locura, y ¿cómo admitir que aquel hombre fuese tan insensato para llegar a aquel extremo? Sin embargo, sir Francis Cromarty accedió a esperar hasta el descenlace de aquella terrible escena. Pero el guía no los dejó permanecer en el lugar donde se habían refugiado y los condujo hacia la parte anterior del claro, donde, ocultos por un bosquecillo, podrían observar a los grupos de durmientes.

Mientras tanto, Passepartout, trepado en las más altas ramas de un árbol rumiaba una idea que acababa de atravesar su cerebro como un relámpago.

Había empezado diciendo: —"¡Qué locura!"—. Pero ahora se repetía: —"¿Por qué no, después de todo?—. Es una oportunidad, tal vez la única, y con aquellos brutos dormidos..."

En todo caso, Passepartout no formuló más claramente su pensamiento, pero no tardó en deslizarse con la flexibilidad de una serpiente por las ramas inferiores del árbol, cuyos extremos se inclinaban hacia el suelo.

Las horas pasaban y pronto una tenue claridad anunció la llegada del día. Sin embargo, la oscuridad era aún densa.

Había llegado el momento. Hubo como una resurrección en la multitud dormida. Los grupos se animaron. Los batintines resonaron. De nuevo se oyeron los cantos y los gritos. Había sonado la hora en que aquella desgraciada debía morir.

En efecto, las puertas de la pagoda se abrieron. Una viva luz brillaba en el interior. Fogg y sir Francis pudieron ver a la víctima, vivamente iluminada, conducida hacia el exterior por dos sacerdotes.

Incluso les pareció que la desgraciada joven, intentando sacudir el sopor de la embriaguez impulsada por un supremo instinto de conservación, procuraba escapar de sus verdugos. El corazón de sir Francis Cromarty latió con fuerza y, al asir en un movimiento convulsivo la mano de Phileas Fogg, advirtió que empuñaba un cuchillo.

En aquel momento la multitud empezó a moverse. La joven había vuelto a caer en el embotamiento provocado por el humo del cáñamo. Pasó entre los faquires que la escoltaban vociferando un canto religioso.

Phileas Fogg y sus compañeros se mezclaron con las últimas filas de la multitud y empezaron a seguirla.

Diez minutos después, llegaban a orillas del riachuelo y se detenían a menos de cincuenta pasos de la pira sobre la cual yacía el cadáver del rajá. A la indecisa claridad de la aurora, vieron a la víctima absolutamente inerte, extendida al lado del cuerpo de su esposo.

Luego, alguien acercó una antorcha a la leña impregnada de aceite, que se inflamó en seguida.

En aquel momento, sir Francis Cromarty y el guía retuvieron a Phileas Fogg, quien, impulsado por su generosa locura, se había adelantado hacia la hoguera.

Pero Phileas Fogg se había ya zafado de ellos cuando la escena cambió súbitamente. Se levantó un grito de terror. Toda la multitud se precipitó al suelo aterrorizada.

El anciano rajá no había muerto, pues todos lo vieron alzarse de pronto, como un fantasma, levantar a la joven en sus brazos y descender de la pira en medio de los vapores que le daban un aspecto fantasmal.

Los faquires, los guardias, los sacerdotes, presas de un súbito terror, permanecían con el rostro contra el suelo, sin atreverse a levantar los ojos para contemplar aquel prodigio.

La inanimada víctima era llevada por unos vigorosos brazos que la sostenían como si fuera una pluma. Fogg y sir Francis habían permanecido de pie. El parsi había inclinado la cabeza, y Passepartout, sin duda no estaba menos estupefacto...

El resucitado avanzó hasta donde se encontraban Fogg y el brigadier general y, rápidamente les dijo:

—¡Huyamos!

¡Era el mismo Passepartout, que se había deslizado hasta la pira en medio del espeso humo! ¡Era Passepartout, quien, aprovechándose de la oscuridad que reinaba todavía, había arrancado a la joven de la muerte! ¡Era Passepartout, quien, desempeñando su papel con una afortunada osadía, había desfilado en medio del terror general!

Un instante después los cinco desaparecían en el bosque y montaban en el elefante, que emprendió un trote rápido. Pero los gritos, los clamores y una bala que atravesó el sombrero de Phileas Fogg, les anunciaron que la estratagema había sido descubierta.

En efecto, sobre la pira inflamada se destacaba el cadáver del viejo rajá. Los sacerdotes repuestos de su estupor, habían comprendido que la joven había sido raptada.

Se precipitaron inmediatamente hacia la selva, seguidos por los guardias. Sonó una descarga, pero los raptores huían rápidamente y, a poco, se encontraban fuera del alcance de las balas y las flechas.

# XIV

### En el que Phileas Fogg desciende por todo el admirable valle de Ganges sin pensar siquiera en contemplarlo

El audaz rapto se había realizado. Una hora más tarde, Passepartout aún reía de su éxito. Sir Francis Cromarty había estrechado la mano del intrépido muchacho. Su amo le había dicho: "Bien", lo que, en boca de aquel caballero, equivalía a una gran aprobación, a la que Passepartout respondió que todo el honor de la empresa correspondía a su amo. Para él no había sido más que una "pícara idea" y reía pensando que, durante unos momentos, él, Passepartout, antiguo gimnasta, ex-sargento de bomberos, había sido el viudo de una encantadora mujer, un viejo rajá embalsamado.

En cuanto a la joven hindú, no se había dado cuenta de lo que había sucedido. Envuelta en unas mantas de viaje, descansaba en una de las artolas.

Mientras tanto, el elefante, guiado con gran seguridad por el parsi, corría velozmente a través del bosque aún envuelto en sombras. Una hora después de haber abandonado la pagoda de Pillaji, se lanzó a través de una inmensa llanura. A las siete, hicieron alto. La joven continuaba aún sumida en una profunda postración. El guía le hizo beber unos sorbos de agua y de coñac, pero el sopor de que era presa había de prolongarse todavía algún tiempo.

Sir Francis Cromarty, que conocía los efectos embriagantes producidos por las inhalaciones de los vapores del cáñamo, no experimentaba ninguna inquietud a ese respecto.

Pero si el restablecimiento de la joven no lo inquietaba, no podía decir lo mismo en cuanto al futuro. No vaciló en manifestar a Phileas Fogg que si Aouda se quedaba en la India, terminaría por caer en manos de sus verdugos. Aquellos energúmenos se extendían por toda la península y, ciertamente, a pesar de toda la policía inglesa, se apoderarían de su víctima en Madrás, en Bombay o en Calcuta. Y sir Francis citaba, en apoyo de su aserto, un hecho de naturaleza semejante que había tenido lugar recientemente. A su juicio, la joven sólo se encontraría en seguridad fuera de la India.

Phileas Fogg contestó que tomaba nota de sus observaciones y que, llegado el momento, resolvería.

Hacia las diez, el guía anunció la estación de Allahabad. Allí recomenzaba la vía férrea interrumpida, cuyos trenes franqueaban, en menos de un día y una noche, la distancia que separa a Allahabad de Calcuta.

Phileas Fogg llegaría a tiempo, pues, para coger un paquebote que zarpaba al día siguiente 15 de octubre al mediodía, para Hong-Kong.

La joven fue instalada en una sala de la estación. Passepartout fue encargado para ir a comprarle algunos objetos de tocador, vestidos, chales, pieles, etc., lo que encontrase. Su amo le abrió un crédito ilimitado.

Passepartout salió al punto y recorrió las calles de la ciudad. Allahabad es una ciudad de Dios, una de las más veneradas de la India, debido a que está situada en la confluencia de los dos ríos sagrados, el Ganges y el Jumma, cuyas aguas atraen a peregrinos de toda la península. Es sabido, además, que, según las leyendas del Ramayama, el Ganges nace en el cielo, de donde gracias a Brahma, desciende hasta la tierra. Mientras efectuaba sus compras, Passepartout pudo contemplar la ciudad, defendida antiguamente por un magnífico fuerte que se convirtió en cárcel del Estado.

No existe comercio ni industria en esta ciudad otrora tan industrial y comercial. Passepartout, que buscaba inútilmente un almacén de novedades, como si hubiera estado en la calle Regent de Londres, a algunos pasos de Farmer and Co, hubo de acudir a un ropavejero judío, hombre de trato difícil, para que le vendiera lo que necesitaba: un vestido de tela escocesa, un holgado abrigo y una magnífica pelliza de piel de nutria, por lo que no dudó en pagar sesenta y cinco libras. Después, regresó triunfalmente a la estación.

Aouda empezaba a volver en sí. La influencia soporífera a la que los sacerdotes de Pillaji la habían sometido, se disipaba poco a poco, y sus bellos ojos recobraban la dulzura hindú.

Cuando el rey poeta Uzaf Uddaul celebra los encantos de la reina de Ahmehnagara, se expresa así:

"Su reluciente cabellera, dividida en dos partes iguales, enmarca los contornos armoniosos de sus blancas y delicadas mejillas, brillantes de tersura y de lozanía. Sus cejas de ébano tienen la forma y la fuerza del arco de Kama, dios del amor, y bajo sus largas y sedosas pestañas, en la negra pupila de sus grandes y limpios ojos, flotan como en los lagos sagrados del Himalaya los más puros reflejos de la luz del cielo. Finos, iguales y blancos, sus dientes resplandecen, entre los sonrientes labios, como las gotas de rocío entre el cáliz entreabierto de una flor de granado. Sus lindas orejas, de curvas simétricas, sus manos sonrosadas, sus pequeños y arqueados pies, tiernos como las yemas del loto, brillan con el resplandor de las más hermosas perlas de Ceilán, de los más hermosos diamantes de Golconda. Su delgada y flexible cintura, que una mano podría rodear, realza la elegante forma de sus redondas caderas y la opulencia de su busto, en que la juventud en flor despliega sus más perfectos tesoros, y, bajo los sedosos pliegues de su túnica, parece estar moldeada, en plata pura por la mano divina de Vievacarna, el eterno escultor".

Sin embargo, prescindiendo de esta retórica poética, basta decir que Aouda, la viuda del rajá de Bundelkund, era una encantadora mujer en toda la acepción europea de la palabra. Hablaba inglés con gran corrección, y el guía no había exagerado al decir que aquella joven parsi había sido transformada por la educación.

Se acercaba la hora de la salida del tren. El parsi esperaba. Fogg le pagó la cantidad convenida, sin añadir ni un céntimo más. Esto extrañó un poco a Passepartout, que sabía lo que su amo debía a la abnegación del guía. El parsi, en efecto, había arriesgado voluntariamente su vida en la empresa de Pillaji y si, más adelante los hindúes lo apresaban, difícil escaparía a su venganza.

Quedaba también la cuestión de **Kiummi**. ¿Qué harían de un elefante que había costado tan caro? Pero Phileas Fogg había tomado su partido sobre esta cuestión.

—Parsi —dijo al guía—, has sido servicial y abnegado. He pagado tus servicios, pero no tu abnegación. ¿Quieres el elefante? Te lo regalo.

Los ojos de guía brillaron.

—¡Es una fortuna lo que vuestro honor me da! —exclamó.

—Acepta guía —prosiguió Fogg. Y aún quedaré en deuda contigo.

—¡Magnífico! — exclamó Passepartout—. ¡Tómalo, amigo! Kiumi es un fiel y valiente animal.

Y, acercándose al elefante, le dio algunos trozos de azúcar, al tiempo que le decía:

—¡Toma, **kiumi**, toma !

El elefante dejó oir algunos gruñidos de satisfacción.

Luego, tomando a Passepartout por la cintura y rodeándolo con su trompa, lo levantó hasta la altura de su cabeza. Passepartout, sin asomo de miedo, hizo una caricia al animal que lo depositó de nuevo en el suelo, y al apretón de trompa del buen **Kiumi** correspondió un vigoroso apretón de manos del honrado muchacho.

Instantes después, Phileas Fogg, sir Francis Cromarty y Passepartout, instalados en un cómodo vagón cuyo mejor sitio estaba ocupado por Aouda, corrían a todo vapor hacia Benarés.

Ochenta millas a lo sumo separaba esta ciudad de Allahabad, y fueron cubiertas en dos horas.

Durante el trayecto, la joven recobró completamente los sentidos; los efectos adormecedores del **hang** se disiparon. ¡Cuál no fue su asombro al encontrarse en ferrocarril, en aquel compartimiento, ataviada con vestidos europeos, en medio de viajeros que le eran absolutamente desconocidos! Ante todo sus compañeros le prodigaron sus cuidados y la reanimaron con algunas gotas de licor; luego, el brigadier general le contó su historia. Insistió en la devoción de Fogg, quien no había dudado en arriesgar su vida para salvarla, y narró el desenlace de la aventura, debido a la audaz imaginación de Passepartout. Fogg lo dejó hablar sin pronunciar una sola palabra. Passepartout, avergonzado, repetía: —"¡No tiene importancia! ¡No tiene importancia!".

Aouda dio las más efusivas gracias a sus salvadores, más con lágrimas que con palabras. Sus bellos ojos, más que sus labios, fueron intérpretes de su agradecimiento. Luego, evocando las escenas de **sutty**, viendo interiormente aquella tierra hindú donde tantos peligros le esperaban, fue presa de un estremecimiento de terror.

Phileas Fogg comprendió lo que pasaba en el espíritu de Aouda y, para tranquilizarla, le ofreció, muy fríamente, por otra parte, conducirla a Hong-Kong, donde podría permanecer hasta que el asunto fuese olvidado.

Aouda aceptó, agradecida, el ofrecimiento. En Hong-Kong residía, precisamente, uno de sus parientes, parsi como ella y uno de los principales comerciantes de aquella ciudad, que es absolutamente inglesa, aunque se halla situada en la costa china.

A las doce y media, el tren se detenía en la estación de Benarés. Las leyendas Brahmánicas afirman que esta ciudad ocupa el emplazamiento de la antigua Casi, que en otro tiempo estuvo suspendida en el espacio, entre el cenit y el nadir, como la tumba de Mahoma. Pero, en esta época más realista, Benarés, la Atenas de la India, según los orientalistas, descansaba prosaicamente en el suelo y Passepartout pudo entrever durante unos momentos sus casas de ladrillo y sus chozas de caña, que le daban un aspecto completamente desolado, sin ningún color local.

Era allí donde debía detenerse sir Francis Cromarty. Las tropas a las cuales se incorporaba estaban acantonadas a algunas millas al norte de la ciudad. El brigadier general se despidió de Fogg, deseándole todo el éxito posible y expresando el deseo de que recomenzase aquel viaje de una manera menos original pero más provechosa. Phileas Fogg estrechó ligeramente la mano de su compañero. Las demostraciones de Aouda fueron más afectuosas. Nunca podría olvidar lo que debía a sir Francis.

En cuanto a Passepartout, fue honrado con un verdadero apretón de manos por parte del brigadier general. Emocionado, le preguntó cuándo y dónde podría presentarle algún servicio. Tras esto, se separaron.

Desde Benarés, la vía férrea sigue en parte el valle del Ganges. A través de los cristales del vagón, y con un tiempo claro, aparecía el variado paisaje de Behar, montañas cubiertas de verdor, campos de cebada, maíz y trigo, ríos y estanques poblados de verduscos cocodrilos, prósperas aldeas y verdegueantes selvas. Algunos elefantes y cebús de enormes gibas, se bañaban en las aguas del río sagrado, y de la misma manera, a pesar de lo avanzado de la estación y de la temperatura fría, algunos grupos de hindúes de ambos sexos efectuaban piadosamente las sagradas abluciones. Aquellos fieles, enemigos acérrimos del budismo, son fervientes seguidores de la religión brahmánica, que se encarna en tres personas: Visnú, la divinidad solar; Siva, la personificación divina de la fuerzas naturales, y Brahma, sumo sacerdote y legislador. ¡Pero con qué ojos debían mirar aquellas divinidades a la India, ahora "britanizada" cuando pasaba algún buque de vapor, turbando las sagradas aguas del Ganges!

Todo aquel panorama desfiló como un relámpago, y a veces una nube de blanco vapor ocultaba los detalles. Los viajeros apenas pudieron vislumbrar el fuerte de Chunar, a veinte millas al sudeste de Benarés, antigua fortaleza de los rajás de Behar, Ghazepour y sus importantes fábricas de agua de rosas; Puhna, el principal mercado de opio de toda la India; Monghir, ciudad tan inglesa como Manchester o Birmingham, famosa por sus fundiciones de hierro y sus fábricas de armas blancas, y cuyas altas chimeneas tiznaban de humo negro al cielo de Brahma, verdadero puñetazo contra el país de los ensueños.

Por la noche, en medio de los rugidos de los tigres, de los osos y de los lobos que huían al paso de la locomotora, el tren se lanzó a toda velocidad, y no vieron nada de las maravillas de Bengala, ni Golconda, ni Gour en ruinas, ni Mourshegabad, en otros tiempos la capital, ni Burdwn, ni Hougly, ni Chandernagor, establecimiento francés en territorio hindú, donde Passepartout se hubiera sentido orgulloso al ver ondear la bandera de su patria.

Finalmente, a las siete de la mañana llegaron a Calcuta. El paquebote con destino a Hong-Kong no levaba anclas hasta el mediodía. Phileas Fogg disponía, pues, de cinco horas. Según su itinerario, aquel caballero debía llegar a la capital de la India el 25 de octubre, veintitrés días después de haber salido de Londres, y llegaba el día fijado. No llevaba ni adelanto ni atraso. Desgraciadamente los dos días ganados entre Londres y Bombay se habían perdido, ya se sabe cómo, en aquella travesía de la península de la India, pero cabe suponer que Phileas Fogg no lo lamentaba.

# XV

## En el que el saco de viaje de los billetes de banco se aligera de algunos millares de libras

El tren se detuvo en la estación. Passepartout fue el primero en apearse del vagón, seguido de Fogg, que ayudó a su joven compañera a descender al andén. Phileas Fogg pensaba dirigirse directamente al paquebote de Hong-Kong, con el objeto de instalar cómodamente en él a Aouda, de quien no quería separarse mientras se encontraba en aquel país tan peligroso para ella.

En el momento en que Fogg salía de la estación, un policía se le acercó y le dijo:

—¿El señor Phileas Fogg?

—Soy yo.

—¿Ese hombre es su criado? —añadió el policía, señalando a Passepartout.

—Sí.

—Hagan el favor de seguirme los dos.

Ningún gesto demostró que Fogg estuviera sorprendido. Aquel agente de la policía era un representante de la ley y, para todo inglés, la ley es sagrada. Passepartout, dado sus hábitos franceses, quiso discutir, pero el policía lo tocó con su varilla y Phileas Fogg le hizo seña de que obedeciera.

—¿Puede acompañarnos esta joven? —preguntó Fogg.

—Desde luego —contestó el policía.

El policía condujo a Fogg, a Passepartout y a Aouda a un **palki-ghari**, especie de vehículo de cuatro ruedas y con cuatro asientos, tirado por dos caballos. Partieron. Nadie abrió la boca durante el trayecto.

El vehículo atravesó primero "la ciudad negra", de calles angostas bordeadas de casuchas, en las que bullía una población cosmopolita, sucia y andrajosa. Luego pasó a través de la ciudad europea, de casas de ladrillo, sombreada por cocoteros y erizada de arboladuras, por la que circulaban ya, a pesar de lo temprano de la hora, muchos elegantes a caballo y magníficos vehículos.

El **palki-ghari**, se detuvo delante de una casa de aspecto sencillo, pero que no debía estar destinada a vivienda familiar. El policía hizo descender a sus prisioneros —pues verdaderamente les cuadraba este nombre— y los condujo a una habitación con ventanas enrejadas.

Dicho esto, se retiró, cerrando la puerta tras él.

—¡Vaya! ¡somos prisioneros! —exclamó Passepartout dejándose caer en una silla..

Aouda, dirigiéndose a Fogg y tratando en vano de ocultar la emoción que la embargaba, dijo:

—Señor, es necesario que usted me abandone. Es por mi causa, por haberme salvado que lo persiguen.

Fogg se limitó a contestar que aquello no era posible. ¿Perseguido por aquel asunto del **sutty**? ¡Imposible! ¿Cómo se atreverían a presentarse los querellantes? Se trataba, sin duda de un error. Fogg añadió que, de todas maneras, no abandonaría a la joven y que la conduciría a Hong-Kong.

—¡Pero el buque parte al mediodía!— observó Passepartout.

—Antes del mediodía estaremos a bordo —respondió el impasible caballero.

Esta afirmación fue pronunciada en un tono tan categórico, que Passepartout no pudo por menos que pensar: —"¡Diablos! ¡Tienen razón! Antes del mediodía estaremos a bordo. Pero no las tenía todas consigo.

A las ocho y media, la puerta de la habitación se abrió. El policía apareció y condujo a los prisioneros a una estancia contigua. Era una sala de audiencia, ocupada por un público bastante numeroso compuesto de europeos y de indígenas.

Fogg, Aouda y Passepartout se sentaron en un banco, frente a los sitios reservados al juez y al escribano.

Se efectuó el cambio de pelucas. Durante esos preliminares, Passepartout bullía de impaciencia, porque le parecía que la aguja del reloj marchaba a toda velocidad en la esfera del que había en la sala.

—La primera causa —repitió entonces el juez Obadiha.

—¿Phileas Fogg? —preguntó Oysterpuf.

—Soy yo —contestó el interesado.

—¿Passepartout?

—¡Presente! —contestó Passepartout.

—Bien —dijo el juez Obadiha—. Hace dos días, acusados, que se les busca en todos los trenes de Bombay.

—Pero ¿de qué se nos acusa? —preguntó Passepartout, impaciente.

—Ahora lo sabrán ustedes —contestó el juez.

—Señor —dijo entonces Fogg—, soy ciudadano inglés y tengo derecho...

—¿No se le han tenido las debidas consideraciones? —Preguntó el juez.

—Sí.

—¡Bien! Que pasen los querellantes.

A la orden del juez, abrióse una puerta y fueron introducidos tres sacerdotes hindúes.

—¡Ya me lo imaginaba! —murmuró Passepartout—. Son los bribones que querían quemar a nuestra joven.

Los sacerdotes permanecieron en pie delante del juez y el secretario leyó en voz alta una denuncia por sacrilegio, formulada contra Phileas Fogg y su criado, acusados de haber violado un lugar sagrado por la religión brahmánica.

—¿Ha oído usted? —preguntó el juez a Fogg.

—Sí, señor —contestó Phileas Fogg consultando su reloj—, y confieso...

—¡Ah! ¿Confiesa usted?

—Confieso y espero que esos tres sacerdotes confiesen a su vez lo que pretendían hacer en la pagoda de Pillaji.

Los sacerdotes se miraron unos a otros. Parecían no haber entendido nada de las palabras del acusado.

—¡Sin duda! exclamó impetuosamente Passepartout—. Iban a quemar a su víctima delante de la pagoda de Pillaji.

Nuevas muestras de estupefacción de los sacerdotes y profundo desconcierto por parte del juez Obadiha.

—¿Qué víctima? —preguntó—. ¿Quemar a quien? ¿En plena ciudad de Bombay?.

—¿Bombay? — preguntó Passepartout.

—Sí. No se trata de la pagoda de Pillaji, sino de la pagoda de Malebar-Hill, en Bombay.

—Y como pieza de convicción, he aquí los zapatos del profanador —añadió el secretario, depositando un par de zapatos sobre la mesa.

—¡Mis zapatos! —exclamó Passepartout, que, en extremo sorprendido, no pudo retener esta involuntaria exclamación. Se adivina la confusión del espíritu del amo y de su criado. Había olvidado el incidente de la pagoda de Bombay, y era aquello precisamente lo que los había conducido delante del magistrado de Calcuta.

En efecto, el inspector Fix había caído en la cuenta de todo el partido que podría sacar de aquel malhadado asunto. Demorando su partida de doce horas, había aconsejado a los sacerdotes de Malebar-Hill acerca de lo que debían hacer; les había prometido una fuerte indemnización, pues sabía perfectamente que el gobierno inglés se mostraba muy severo contra aquella clase de delitos; después, en el tren siguiente, los lanzó en pos del sacrílego. Sin embargo, debido al tiempo invertido en el rescate de la joven viuda, Fix y los hindúes llegaron a Calcuta antes que Phileas Fogg y su criado, los cuales debían ser detenidos a su llegada. Imagínese el desconcierto de Fix cuando se enteró de que Phileas Fogg no había llegado aún a la capital de la India. Debió creer que su ladrón, descendiendo en algunas de las estaciones intermedias, se había refugiado en las provincias septentrionales. Durante veinticuatro horas, preso de mortal inquietud, Fix lo acechó en la estación. Grande fue su alegría cuando, aquella mañana, lo vio descender del vagón, en compañía, por cierto, de una joven cuya presencia no se podía explicar. Al punto destacó a un policía para que lo abordase, y he aquí cómo Fogg, Passepartout y la viuda del rajá del Bundelkund fueron conducidos ante el juez Obadiha.

Si Passepartout hubiese estado menos preocupado por su asunto, habría advertido, en un rincón de la sala, al detective, quien seguía el interrogatorio con interés fácil de comprender, pues en Calcuta como en Bombay y en Suez, continuaba careciendo de la orden de arresto.

Mientras tanto, el juez Obadiha había mandado levantar acta de la confesión espontánea de Passepartout, quien hubiera dado cualquier cosa por retirar sus imprudentes palabras.

—¿Ratifica usted la declaración? —preguntó el juez.

—La ratifico —contestó fríamente Phileas Fogg.

—Considerando —prosiguió el juez— que la ley inglesa desea proteger en toda igualdad y rigor las religiones de la población de la India, y visto que el delito ha sido confesado por el señor Passepartout, acusado de haber violado la pagoda de Malebar-Hill, en Bombay, el día 20 de octubre, se condena el referido Passepartout a quince días de cárcel y a una multa de trescientas libras.

—¿Trescientas libras? —exclamó Passepartout, que sólo se ocupaba de la multa.

—¡Silencio! —gritó el secretario.

—Y —añadió Obadiha—, considerando que no resulta materialmente demostrado que no exista convivencia entre el criado y el amo, y que en todo caso éste es responsable de los actos de una persona que está a su servicio y sueldo, se condena al susodicho Phileas Fogg a ocho días de cárcel y a una multa de ciento cincuenta libras. Secretario, la causa siguiente.

Fix, en su rincón, experimentaba una indecible satisfacción. Con Phileas Fogg retenido ocho días en Calcuta, habría tiempo sobrado para que llegara la orden de arresto.

Passepartout estaba aturdido. Aquella sentencia arruinaba completamente a su amo. Una apuesta de veinte mil libras perdida, y todo porque como un auténtico necio había entrado en aquella maldita pagoda.

Phileas Fogg, tan dueño de sí mismo como si aquella sentencia no lo afectase, ni siquiera había fruncido el ceño. Pero en el momento en el que el escribano anunciaba el otro juicio, se levantó y dijo:

—Ofrezco fianza.

—Está usted en su derecho —respondió el juez.

Un escalofrío recorrió la espina dorsal de Fix, pero se tranquilizó cuando oyó decir al juez que, "atendida la condición de extranjeros de Phileas Fogg y de su criado", fijaba la fianza para cada uno en la enorme suma de mil libras.

Significaba dos mil libras para Fogg, si no cumplía la condena impuesta.

—Pago —dijo el caballero.

Y del saco que llevaba Passepartout sacó un fajo de billetes de banco, que puso sobre la mesa del secretario.

—Esta suma le será devuelta cuando salga de la cárcel —dijo el juez—. Mientras tanto, están ustedes libres bajo fianza.

—Vamos —dijo Phileas Fogg a su criado.

—Pero, por lo menos, ¡que me devuelvan los zapatos! —exclamó Passepartout, preso de cólera.

Le devolvieron los zapatos.

—¡Bien caros resultan! —murmuró—. ¡Más de mil libras cada uno, sin contar que me aprietan!

Passepartout, compungido, siguió a Fox, que había ofrecido su brazo a Aouda. Fix esperaba aún que su ladrón no se decidiría nunca a soltar aquella suma de dos mil libras y que pasaría ocho días en la cárcel. Continuó, pues, la persecución de Fogg.

Este detuvo un carruaje, en el que montó a sus compañeros. Fix corrió tras el vehículo, que paró en el muelle.

A media milla dentro de la rada se encontraba fondea[do el **Rangoon**, con el pabellón de salida en lo alto del mástil. Dieron las once. Fogg llegaba con un adelanto de una hora. Fix lo vio descender del vehículo y embarcarse en una canoa, con Aouda y Passepartout. El detective golpeó el suelo con el pie.

—¡El miserable! —exclamó—. ¡Se va! ¡Dos mil libras sacrificadas! ¡Es pródigo como un ladrón! ¡Ah! Lo seguiré hasta el fin del mundo, si es preciso; pero con la marcha que lleva, todo el dinero del robo se esfumará.

El inspector de policía no iba errado al hacer aquella reflexión. En efecto, desde su partida de Londres, contando los gastos de viaje y las primas dadas, la compra del elefante, las multas y las fianzas, Phileas Fogg había sembrado más de cinco mil libras en su camino, y el porcentaje atribuido a los detectives sobre la suma recuperada menguaba continuamente.

XVI

---

*En el que Fix da la impresión de no conocer
las cosas de que habla*

---

El **Rangoon,** uno de los paquebotes que la compañía Peninsular y
Oriental emplea en el servicio de los mares de la China y el Japón,
era un buque de hierro, movido a hélice, con un desplazamiento
bruto de mil setecientas setenta toneladas y una fuerza nominal de
cuatrocientos caballos. Igualaba al **Mongolia** en velocidad, pero no
en comodidad. Así pues, Aouda no pudo instalarse todo lo bien
que hubiera querido Phileas Fogg. Después de todo, no se trataba
más que de una travesía de tres mil quinientas millas, o sea, de once o doce días, y la joven no resultaba una pareja exigente.

Durante los primeros días de la travesía, Aouda fue conociendo
mejor a Fogg. En toda ocasión, le testimoniaba su más vivo agradecimiento. El flemático caballero la escuchaba, al menos en apariencia, con la más extrema frialdad, sin que una entonación o un gesto
delatasen en él la más ligera emoción. Fogg procuraba que nada
faltase a la joven. A ciertas horas iba, si no a conversar, por lo menos a escuchar. Cumplía con ella los deberes de la educación más
estricta, pero con la gracia y rigidez de un autómata cuyos movimientos se hubieran dispuesto para aquel uso. Aouda no sabía qué
pensar de ellos, pero Passepartout le había explicado un poco la excéntrica personalidad de su amo. La había informado acerca de la
apuesta que había impelido a aquel caballero a dar la vuelta al
mundo. Aouda había sonreído; pero, después de todo, le debía la

vida, y su salvador no podía salir perdiendo con que ella lo viese a través de su agradecimiento.

Aouda confirmó el relato que el guía hindú había hecho acerca de su emocionante historia. Pertenecía en efecto, a aquella raza que ocupa el primer rango entre las razas indígenas. Muchos comerciantes parsis han hecho grandes fortunas en la India en el comercio de algodón. A uno de ellos sir James Jejeebhoy, el Gobierno inglés le había concedido un título de nobleza, y Aouda era pariente de aquel rico personaje, que vivía en Bombay.

El honorable Jejeeh, a quien ella esperaba encontrar en Hong-Kong, era primo de Jejeebhoy. ¿Encontraría ella a su lado refugio y protección? No podía afirmarlo. A eso, Fogg respondía que no debía preocuparse y que todo se arreglaría matemáticamente. Tales fueron sus palabras.

¿Comprendía la joven aquel horrible adverbio? Se ignora. Sin embargo sus grandes ojos se clavaron, "límpidos como los sagrados lagos del Himalaya", en los de Fogg. Pero el intratable caballero, tan reservado como siempre no daba la impresión de ser un hombre dispuesto a lanzarse en aquel lago.

La primera parte de la travesía del **Rangoon** se efectuó en excelentes condiciones. El tiempo era bonancible. Toda aquella zona de la inmensa bahía que los marinos llaman "las brazas de Bengala", se mostró favorable a la marcha del paquebote. El **Rangoon** avistó pronto el Gran Andaman, la isla más importante del grupo, que se columbra desde lejos por su pintoresca montaña de Saddle Peak, que tiene una altura de dos mil cuatrocientos pies.

El buque navegaba siguiendo de cerca el perfil de la costa. Los salvajes papúes de la isla no se dejaron ver. Son seres colocados en el último grado de la escala humana, pero a los que se ha calificado erróneamente de antropófagos.

El panorama de las islas era magnífico. Inmensos bosques de palmeras, arecas, bambúes, mirísticas, tecas, gigantescas mimosas, helechos arborescentes, cubrían el país en primer término y, al fondo, se perfilaba la elegante silueta de las montañas. En la costa pululaban millares de salanganas, cuyos nidos comestibles constituyen un plato muy apreciado en la China. Pero todo aquel variado espectáculo de las islas Andaman pasó rápidamente y el

**Rangoon** se encaminó raudo hacia el estrecho de Malaca, que debía darle acceso a los mares de China.

¿Qué hacía durante la travesía el inspector Fix, tan desventuradamente arrastrado a un viaje en circunnavegación? A partir de Calcuta, después de haber dado instrucciones para que la orden de arresto, si llegaba, le fuese remitida a Hong-Kong, logró embarcar en el **Rangoon** sin haber sido visto por Passepartout, y contaba con poder disimular su presencia hasta la llegada del paquebote. En efecto, era un poco difícil explicar su presencia en el buque sin despertar las sospechas de Passepartout, que lo creía en Bombay. Pero vióse obligado a reanudar su trato con el muchacho por la misma lógica de las circunstancias. ¿Cómo? Vamos a verlo.

Todas las esperanzas y deseos del inspector de policía se habían concentrado sobre un solo punto del globo, Hong-Kong, porque el paquebote paraba muy poco tiempo en Singapur para poder operar en dicha ciudad. Era, pues, en Hong-Kong donde la detención del ladrón debía efectuarse, ya que de lo contrario el bribón se le escaparía para siempre.

A la sazón, Hong-Kong era todavía territorio inglés, pero el último que se encontraba en el curso del viaje. Más allá la China, el Japón, América, ofrecían un refugio casi seguro a Fogg. En Hong-Kong, si encontraba allí la orden de arresto que indudablemente corría a su encuentro, Fix podía detener a Fogg y entregarlo a la policía local. No habría ninguna dificultad. Pero después de Hong-Kong, una simple orden de arresto no bastaría. Haría falta un acta de extradición. Lo cual significaba retrasos, dificultades, obstáculos de toda clase que serían aprovechados por el tunante para escapar definitivamente. Si la operación fracasaba en Hong-Kong, sería, si no imposible, al menos muy difícil, volverla a intentar con algunas probabilidades de éxito.

"Así pues —se repetía Fix durante las largas horas que permanecía en su camarote—, o la orden de arresto estará en Hong-Kong, y podré arrestar a mi hombre, o no estará, en cuyo caso será preciso que retrase su partida a toda costa. He fracasado en Bombay y en Calcuta. Si ahora falla mi golpe en Hong-Kong, mi reputación quedará hecha añicos. He de triunfar, cueste lo que cueste. Pero ¿qué medio emplearé para retardar, si es preciso, la partida de ese maldito Fogg?"

En última instancia, Fix estaba decidido a confesarle todo a Passepartout, a informarlo acerca del amo a quien servía y del cual seguramente no era cómplice. Passepartout, tras esta revelación, temería verse complicado y se pondría de parte de Fix. Pero éste era un medio arriesgado que sólo podría emplearse como último recurso. Bastaría una palabra de Passepartout a su amo para echarle a perder todo.

El inspector de policía se encontraba, pues, en un predicamento, cuando la presencia a bordo de Aouda, en compañía de Phileas Fogg, le abrió nuevos horizontes. ¿Quién era aquella mujer? ¿Qué cúmulo de circunstancias la habían convertido en compañera de Fogg? El encuentro había tenido lugar, evidentemente, entre Bombay y Calcuta. Pero ¿en qué punto de la península? ¿Era el azar el que había reunido a Phileas Fogg y a la joven viajera? O bien, por el contrario, ¿aquel viaje a través de la India había sido emprendido por aquel caballero con el fin de reunirse con aquella encantadora persona? Porque la joven era realmente encantadora. Fix la había visto en la sala de audiencia del tribunal de Calcuta.

Fácil será comprender hasta qué punto estaba intrigado nuestro inspector de policía. Se preguntó si en aquel asunto no habría también algún rapto criminal. ¡Sí, era eso, sin duda! Esta idea se incrustó en la mente de Fix y pasó a examinar todo el partido que podría sacar de aquella circunstancia. Independientemente del hecho de que la joven estuviese casada o fuese soltera, se trataba de un rapto, y era posible, en Hong-Kong, suscitar tales dificultades al raptor, que no pudiese salir de apuros por medio de una fianza.

Pero era necesario no esperar la llegada del **Rangoon** a Hong Kong. Aquel Fogg tenía la detestable costumbre de saltar de un buque a otro, y, antes que el asunto hubiese empezado podría encontrarse lejos.

Así, pues, lo importante era prevenir a las autoridades inglesas y señalar el paso del **Rangoon** antes de su desembarco. Nada más fácil que esto, puesto que el paquebote hacía escala en Singapur, puerto que está unido a la costa china por hilo telegráfico.

Sin embargo, antes de actuar, y con el fin de hacerlo con más seguridad, Fix decidió interrogar a Passepartout. Sabía que no era muy difícil hacerlo hablar y optó por romper el incógnito que había guardado hasta entonces. No había tiempo que perder. Estaban a

31 de octubre y a la mañana siguiente el **Rangoon** recalaba en Singapur.

Por lo tanto, abandonó aquel mismo día el camarote y subió al puente con la intención de hacerse el encontradizo con Passepartout, al tiempo que demostraba la mayor sorpresa. Passepartout se hallaba paseando por la proa, cuando el inspector se precipitó hacia él gritando:

—¡Usted en el **Rangoon!**

—¡El señor Fix a bordo! —contestó Passepartout, atónito, al reconocer a su compañero de travesía del **Mongolia**— ¡Vaya! Lo dejo en Bombay y lo encuentro de nuevo en la ruta de Hong-Kong. ¿Efectúa usted también la vuelta al mundo?

—No, no —contestó Fix—. Espero detenerme en Hong-Kong..., por lo menos durante unos días.

—¡Ah! —dijo Passepartout, que pareció asombrado durante unos instantes—, pero ¿a qué se debe que no lo he visto a bordo desde la salida de Calcuta?

—Bueno..., un malestar..., un poco de mareo... He permanecido acostado en mi camarote. El golfo de Bengala no me ha probado tanto como el océano Indico. Y su amo, ¿cómo está?

—Perfectamente, y tan puntual como su itinerario. ¡Ni un día de retraso! ¡Ah, señor Fix! Usted no sabe que nos acompaña una joven dama...

—¿Una joven dama? —respondió el agente, fingiendo no comprender las palabras de su interlocutor.

Pero Passepartout lo puso pronto en antecedentes de todos los hechos. Le explicó la historia de la pagoda de Bombay, la compra del elefante al precio de dos mil libras, el asunto del **sutty,** el rapto de Aouda, la sentencia del tribunal de Calcuta, la libertad bajo fianza. Fix, que conocía la última parte de la historia, simulaba ignorarlos todos, y Passepartout pudo darse el gusto de narrar sus aventuras delante de un auditorio que le demostraba tanto interés.

—Pero, a fin de cuentas -preguntó Fix—, ¿es que su amo tiene la intensión de llevarse a esa joven a Europa?

—No, señor Fix, no. La dejaremos simplemente a la custodia de uno de sus parientes, un rico comerciante de Hong-Kong.

—¡No hay nada que hacer! —se dijo el policía, disimulando su contrariedad—. Lo invito a una copa de ginebra, señor Passepartout.

—Acepto con mucho gusto, señor Fix. Es lo menos que podemos hacer para celebrar nuestro encuentro a bordo del **Rangoon**.

# XVII

## En el que se tratan diversos asuntos durante la travesía de Singapur a Hong-Kong

Desde aquel día, Passepartout y el detective se encontraron con frecuencia, pero Fix se mantuvo en una absoluta discreción para con su compañero y no trató de sonsacarlo. Una o dos veces solamente entrevió a Fogg, quien permanecía a gusto en el gran salón del **Rangoon,** sea en compañía de Aouda o bien jugando el **whist,** siguiendo su invariable costumbre.

Por lo que se refiere a Passepartout, había empezado a pensar muy seriamente sobre el insólito azar que había hecho, otra vez, que Fix apareciese en el camino de su amo. Y en verdad, no había para menos. Aquel caballero, muy amable, muy complaciente, a quien se encuentra primero en Suez, que embarca en el **Mongolia** y desembarca en Bombay, donde según dice, debe permanecer, y que luego, se vuelve a encontrar en el **Rangoon,** camino de Hong-Kong..., en una palabra, siguiendo paso a paso el itinerario de Fogg, era algo digno de la reflexión. Por lo menos, era una extraña coincidencia. ¿Qué pretendía aquel señor Fix? Passepartout habría apostado sus babuchas -que había conservado preciosamente- a que Fix partiría de Hong-Kong al mismo tiempo que ellos, y probablemente en el mismo buque.

Passepartout, aunque hubiese reflexionado durante un siglo, no había jamás adivinado la misión que debía desempeñar el agente de policía. Nunca hubiera podido imaginar que Phileas Fogg fuese seguido como un ladrón alrededor del globo terrestre. Pero como es un rasgo de la naturaleza humana dar respuesta a todo, he aquí cómo Passepartout, por una repentina inspiración, interpretó la continua presencia de Fix, y, verdaderamente, su interpretación era muy plausible. En efecto, según él, Fix no era ni podía ser más que una agente lanzado sobre los pasos de Fogg por sus colegas del Reform-Club, para que comprobara que el viaje se efectuaba regularmente alrededor del mundo, de acuerdo con el itinerario convenido.

"¡Es evidente! ¡Es evidente! —se repetía el buen muchacho, orgulloso de su perspicacia. ¡Se trata de un espía que aquellos caballeros nos han soltado! ¡Es una indignidad! ¡Fogg, tan honorable, tan probo! ¡Hacerlo espiar por un agente! ¡Ah, señores del Reform-Club, esto os costará caro!"

Passepartout, encantado de su descubrimiento, decidió, por otra parte, no decir nada a su amo, por temor a que éste se sintiese herido por la desconfianza que le demostraban sus adversarios; pero se prometió a sí mismo mofarse de Fix, con indirectas y sin comprometerse.

El miércoles, 30 de octubre, al mediodía, el **Rangoon** penetraba en el estrecho de Malaca, que separa la península de este nombre de las tierras de Sumatra. Islotes montañosos muy escarpados y pintorescos impedían a los viajeros la vista de la gran isla.

Al día siguiente, a las cuatro de la mañana, el **Rangoon,** tras haber ganado medio día sobre su horario, echaba el ancla en Singapur, para abastecerse de carbón.

Phileas Fogg registró aquella ventaja en la columna de las ganancias y, esta vez, descendió a tierra, acompañando a Aouda, quien había manifestado deseos de pasear durante algunas horas.

Fix, para quien cualquier acto de Fogg resultaba sospechoso, lo siguió sin ser advertido. En cuanto a Passepartout, que se reía para su coleto al ver la maniobra de Fix, se dirigió a hacer sus compras de costumbre.

La isla de Singapur no es grande ni su aspecto impone. Las montañas, o mejor dicho, los perfiles, no existen. Sin embargo, es hermosa dentro de su pequeñez. Diríase un parque, cortado por bellos senderos. Un lindo vehículo, tirado por esos elegantes caballos importados de Nueva Holanda, transportó a Aouda y a Phileas Fogg entre macizos de palmeras de brillante follaje y de giroflés, cuya especia, los clavos, son los botones de la propia flor. Allí, los arbustos de pimienta reemplazan a los setos espinosos que se ven en los campos Europeos; los saguteros, los helechos gigantes de soberbio ramaje, daban variedad al aspecto de aquella región tropical; los árboles de la nuez moscada, con sus hojas relucientes, saturaban el ambiente de un perfume penetrante. En cuanto a la fauna, no faltaba en los bosque bandadas de ágiles y chillones monos, ni tigres en los cañaverales. A quien se asombre de que en aquella isla, relativamente pequeña, esas fieras hayan sido diezmadas por completo, les responderemos que vienen de Malaca, atravesando a nado el estrecho.

Después de haber recorrido la campiña durante dos horas, Aouda y su compañero —que miraban un poco sin ver—, regresaron a la ciudad, vasta aglomeración de casas bajas, como aplastadas, rodeadas de encantadores jardines donde abundaban los ananás y todos los mejores frutos del mundo.

A las diez regresaron al buque, después de haber sido seguidos, sin advertirlo, por el inspector Fix, quien había tenido que anotar también en su cuenta los gastos del paseo.

Passepartout los esperaba en el puente del **Rangoon**. El buen muchacho había comprado algunas docenas de mangos, grandes como manzanas medianas, de un color oscuro por fuera y rojo subido por dentro, y cuyo blanco fruto, al fundirse en la boca, proporciona a los verdaderos golosos un gozo sin par. Passepartout se mostró muy satisfecho al ofrecerlos a Aouda, que correspondió a la fineza dándole las gracias con mucha amabilidad.

A las once, el **Rangoon**, después de abastecerse de carbón, largó amarras y, horas más tarde, los pasajeros perdían de vista las altas montañas de Malaca, cuyos bosques albergan a los más bellos tigres de la tierra.

Mil trescientas millas, aproximadamente, separan Singapur de la isla de Hong-Kong, pequeño territorio inglés de la costa china. Phileas Fogg tenía interés en recorrerlas en seis días como máximo, a fin de poder tomar el vapor en Hong-Kong, que zarpaba el 6 de noviembre para Yokohama, uno de los principales puertos del Japón.

El **Rangoon** iba muy cargado. Había embarcado numerosos pasajeros en Singapur: hindúes, ceilandeses, chinos, malayos, portugueses, que, en su mayoría, ocupaban la segunda clase. El tiempo, bastante bueno hasta entonces, mudó con el último cuarto de la luna. Hubo mar gruesa. El viento empezó a soplar, pero felizmente, del sudeste, lo que favorecía la marcha del buque. Cuando era posible, el capitán ordenaba que se desplegaran las velas. El **Rangoon** aparejado en bergantín, navegó a menudo con sus dos gavias y trinquete, y su velocidad aumentó bajo la doble acción del viento y del vapor. De esta manera se bordearon, surcando un mar rizado y a veces penoso, las costas de Anan y de Cochinchina.

Pero la culpa era más bien del **Rangoon** que del mar, y los pasajeros, la mayor parte de los cuales se marearon, hubieron de achacar sus fatigas al paquebote.

En efecto, los navíos de la Compañía Peninsular, que hacen el servicio de los mares de China, tienen un serio defecto de construcción: la relación de su calado en carga con su capacidad ha sido mal calculado, y, por consiguiente, no ofrecen más que una débil resistencia al mar. Su volumen, cerrado e impenetrable al agua, resulta insuficiente. Se "anegan", por decirlo en términos marineros, y, a causa de esta disposición, basta con que embarquen una cuantas oleadas para que su marcha se modifique. Por tanto, son navíos muy inferiores, si no por el motor y el aparato evaporatorio, a los tipos de las Mensajerías Francesas, tales como el **Impératrice** y el **Cambodge.** Cuando, según los cálculos de los ingenieros, estos buques pueden embarcar un peso de agua igual al suyo propio, sin peligro de zozobrar, los de la Compañía Peninsular, el **Golconda,** el **Corea** y el **Rangoon** no pondrían embarcar una sexta parte de su peso sin hundirse.

Era conveniente, pues, adoptar grandes precauciones durante el mal tiempo. A veces era necesario capear las aguas marchando a poca presión, lo cual significaba una pérdida de tiempo, que no parecía afectar en nada a Fogg pero que irritaba extraordinariamente a Passepartout. Acusaba entonces al capitán, al maquinista, a la Compañía y mandaba al diablo a todos los que se dedicaban a transportar viajeros. Es posible también que la isla del mechero de gas, que continuaba encendido por su cuenta en la casa de Saville Row, contribuyese a su impaciencia.

—¿Tiene usted prisa por llegar a Hong-Kong? —le preguntó un día el detective.

—Mucha— contestó Passepartout.

—¿Cree usted que Fogg lleva prisa para embarcar hacia Yoko-hama?

—Una prisa terrible.

—¿Sigue usted creyendo en ese extraño viaje alrededor del mundo?

—Absolutamente. ¿Y usted, señor Fix?

—¿Yo? —No.

—¡Farsante! —respondió Passepartout, guiñándole el ojo. Aque-lla palabra dejó meditabundo al inspector. Aquel calificativo lo in-quietaba, sin saber exactamente por qué. ¿Habría sido descubierto por el francés? No sabía qué pensar. Pero ¿cómo era posible que Passepartout hubiese descubierto su condición de detective, cuyo secreto nadie poseía? Sin embargo, al hablarle de aquella manera, Passepartout, lo había hecho con una segunda intención.

Y aconteció, otro día, que el muchacho fue incluso más lejos. No podía reprimir su verbosidad.

—Oiga usted, señor Fix —dijo a su compañero, en un tono mali-cioso—, una vez llegados a Hong-Kong, ¿tendremos la desgracia de que nos abandone?

—La verdad es —respondió Fix, bastante confuso —que no lo sé... Tal vez...

—¡Ah! —dijo Passepartout—. Si usted nos acompañase, sería una suerte para mí. ¡Vaya! Un agente de la Compañía Peninsular no puede detenerse en ruta. Usted sólo iba hasta Bombay, y pronto estaremos en China. América no se encuentra lejos, y de América a Europa no hay más que un paso.

Fix miraba con atención a su interlocutor, que le ponía el rostro más amable del mundo, y adoptó el partido de reírse con él. Pero aquél, que estaba de buen humor, le preguntó si "aquella profesión le rendía mucho".

—Sí y no —contestó Fix, sin inmutarse—. Hay negocios buenos y malos. Pero, como comprenderá usted, no viajo a mis expensas.

—¡Oh, no me cabe la menor duda de ello! —contestó Passepar-tout, soltando la carcajada.

Una vez terminada la conversación, Fix regresó a su camarote y se puso a reflexionar. Evidentemente, había sido descubierto. De una manera o de otra, el francés había adivinado su condición de detective. Pero ¿había avisado a su amo? ¿Qué papel desempeñaba en todo aquello? ¿Era cómplice de su amo o no? ¿Había sido descubierto el asunto y, por lo tanto, sentenciado al fracaso?

El agente pasó algunas horas de angustia, a veces creyéndolo todo perdido y otras esperando que Fogg continuara ignorando la situación. Pero no sabía que partido tomar.

Sin embargo, la calma volvió a su espíritu y resolvió hablar francamente con Passepartout. Si no se hallaba en la deseada situación de arrestar a Phileas Fogg en Hong-Kong, y aquél se preparaba para salir definitivamente del territorio inglés, él, Fix lo revelaría todo a Passepartout. O bien el criado era un cómplice de su amo — y éste estaba al corriente de todo, en cuyo caso el asunto podía darse por fracasado—, o bien el criado no había intervenido para nada en el robo, y entonces tendría interés en zafarse del ladrón.

Tal era, pues, la situación respectiva de aquellos dos hombres, por encima de los cuales Phileas Fogg se cernía con su majestuosa indiferencia. Describía racionalmente su órbita alrededor del mundo, sin inquietarse por los asteroides que gravitaban en torno suyo.

No obstante, en las cercanías se encontraba, según la expresión de los astrónomos, un astro perturbador que debería suscitar ciertas alteraciones en el corazón de aquel caballero. Pero ¡no! Los encantos de Aouda no actuaban con gran sorpresa de Passepartout, y las perturbaciones, si existían, eran tan difíciles de calcular como las de Urano, que han determinado el descubrimiento de Neptuno.

Sí, aquello era un asombro cotidiano de Passepartout, que veía tanta gratitud hacia su amo en los ojos de la joven. Decididamente Phileas Fogg sólo tenía valor para comportarse heroicamente, pero no en achaques amorosos. En cuanto a las precauciones que la suerte del viaje pudiesen hacer brotar en él, no había trazas.

Pero Passepartout vivía en un sobresalto continuo. Un día, apoyado en la barandilla del cuarto de máquinas, contemplaba el potente motor, que a veces aceleraba su velocidad, cuando un violento cabeceo hizo salir del agua a la hélice. El vapor se escapó entonces de las válvulas, cosa que provocó su cólera.

—¡Estas válvulas no están suficientemente cargadas! —exclamó. ¡Apenas andamos! ¡Esos ingleses! ¡Si se tratase de un buque norteamericano, quizás saltaríamos, pero iríamos más de prisa!

# XVIII

*En el que Phileas Fogg, Passepartout y Fix,*
*cada uno por su lado, se dedican a sus asuntos*

Durante los últimos días de la travesía, reinó un tiempo bastante malo. El viento sopló con fuerza, Como venía del noreste, frenó la marcha del **Rangoon**, que, demasiado inestable, se balanceó considerablemente, debido a lo cual los pasajeros tuvieron motivo más que suficiente para guardar rencor a las largas y molestas olas que el viento levantaba. Durante los días 3 y 4 de noviembre, se desencadenó una tormenta. La borrasca encrespó el mar y el **Rangoon** tuvo que capear durante media jornada, manteniéndose a diez revoluciones solamente, a fin de sortear el oleaje. Se habían arriado todas las velas y aún sobraban los aparejos, que silbaban en medio de las ráfagas.

La velocidad del buque, como es de suponer, disminuyó notablemente, y pudo preverse que llegaría a Hong-Kong con un retraso de veinte horas sobre el horario establecido por el reglamento, y más aún, si la tempestad no amainaba.

Phileas Fogg asistía a aquel espectáculo del mar furioso, que parecía luchar directamente contra él, con su habitual impasibilidad. Su frente no se ensombreció ni por un momento, aunque un retraso de veinte horas podía comprometer su viaje haciéndole perder la salida del buque de Yokohama. Pero aquel hombre sin nervios no sentía ni impaciencia ni enojo. Verdaderamente, parecía como si aquella tormenta entrase en su programa, la hubiese previsto. Aouda que conversó con él acerca de aquel contratiempo, lo encontró tan flemático como siempre. Fix, por su parte, no veía las cosas de la misma manera. Aquella tempestad le agradaba, y su satisfacción hubiera sido completa si el **Rangoon** se hubiera visto obligado a huir ante la tempestad. Todos aquellos retrasos le llenaron de contento, pues obligarían a Fogg a permanecer algunos días en Hong-Kong. Por fin, el cielo, con sus ráfagas y borrascas entraban en su juego; se encontraba algo mareado, pero no importaba; prescindía de sus náuseas y, cuando su cuerpo se retorcía bajo los efectos del mareo, su espíritu se ensanchaba de satisfacción.

En lo que se refiere a Passepartout, puede adivinarse con qué cólera poco disimulada soportaba aquella prueba. ¡Había marchado todo tan bien hasta entonces! La tierra y el agua parecían estar al servicio de su amo. Buques y trenes lo obedecían. El viento y el vapor se confabulaban para favorecer su viaje. ¿La hora de las desdichas había, pues, sonado? Passepartout, como si las veinte mil libras de la apuesta tuviesen que salir de su bolsillo, no vivía. Aquella tempestad lo sacaba de quicio, aquellas ráfagas lo enfurecían, y de buena gana hubiera azotado aquel díscolo mar. ¡Pobre muchacho! Fix le ocultó cuidadosamente su satisfacción personal, e hizo bien, porque si Passepartout hubiese adivinado el secreto gozo de Fix, éste hubiera pasado un mal cuarto de hora.

Passepartout, mientras duró la tormenta, permaneció en el puente del **Rangoon.** No habría podido estar abajo; trepaba por la arboladura, sorprendía a la tripulación y ayudaba a todo con una habilidad de simio. Cien veces interrogó al capitán, a los oficiales, a los marineros, que no podían menos por echarse a reír al verlo tan descorazonado. Passepartout quería saber a toda costa cuánto duraría la tempestad. Lo mandaban a que consultase el barómetro, que no se decidía a subir. Passepartout sacudía el aparato, pero no había nada que hacer; ni las sacudidas ni las injurias con que lo abrumaba servían de nada.

Finalmente la tormenta amainó. El día 4 de noviembre el estado del mar se modificó. Empezó a soplar viento favorable. las gavias y foques pudieron desplegarse y el **Rangoon** continuó su ruta con una maravillosa rapidez. Pero el tiempo perdido no podía ganarse, era preciso resignarse a ello. El día 6 a las cinco de la mañana, avistaron tierra. El itinerario de Phileas Fogg señalaba el día 5 como llegada del buque, la cual tenía lugar el 6. Llevaba, pues, veinticuatro horas de retraso, y la partida para Yokohama se había perdido. A las seis, el práctico subió a bordo del **Rangoon** y se instaló en el puente de mando a fin de dirigir el navío hasta el puerto de Hong-Kong.

Passepartout ardía en deseos de interrogar al hombre, de preguntarle si el paquebote de Yokohama había zarpado de Hong-Kong. Pero no se atrevía a hacerlo, por conservar alguna esperanza hasta el último momento. Había confiado sus inquietudes a Fix, quien, astutamente intentaba consolarlo diciéndole que Fogg llegaría a tiempo para embarcar en el próximo paquebote, lo que encorajinaba a Passepartout.

Pero si Passepartout no se atrevió a interrogar al práctico, Fogg, después de consultar su **Bradshaw**, preguntó tranquilamente al piloto si sabía cuándo partiría un buque de Hong-Kong a Yokohama.

—Mañana, con la marea de la mañana —respondió el práctico.

—¡Ah! —dijo Fogg, sin demostrar mayor asombro.

Passepartout, que estaba presente, de buena gana hubiera abrazado al práctico a quien Fix hubiese deseado retorcer el cuello.

—¿Cuál es el nombre de ese buque? preguntó Fogg.

—El **Carnatic** —contestó el piloto.

—¿No debía partir ayer?

—Sí, señor; pero ha tenido que reparar una de sus calderas y su partida ha sido aplazada hasta mañana.

—Muchas gracias —dijo Fogg, y, con su paso de autómata, descendió al salón del **Rangoon**.

En cuanto Passepartout, cogió la mano del piloto, se la estrechó calurosamente y le dijo:

—¡Es usted un hombre estupendo!

El piloto no supo jamás, seguramente, por qué sus respuestas le habían valido aquella amistosa expansión. A un silbido de la máquina, ascendió por la pasarela y dirigió el paquebote por entre una nube de juncos, tankas, barcas pesqueras y buques de todas clases que obstruían los canales de Hong-Kong. A la una, el **Rangoon** atracó y los pasajeros empezaron a desembarcar.

En aquella circunstancia, el azar, hay que convenir en ello, se había puesto al servicio de Fogg. Sin aquella necesidad de reparar las calderas, el **Carnatic** hubiera zarpado el 5 de noviembre, y los viajeros para el Japón hubieran tenido que esperar ocho días la partida del paquebote siguiente. Fogg, en verdad, llevaba un retraso de veinticuatro horas, pero aquella demora no podía tener consecuencias desagradables para el resto del viaje.

En efecto, el buque que atraviesa el Pacífico de Yokohama a San Francisco está en correspondencia directa con el paquebote de Hong-Kong y no puede zarpar hasta la llegada de aquél. Evidentemente, habría un retraso de veinticuatro horas en Yokohama, pero durante los veintidós días que dura la travesía del Pacífico, le sería fácil recuperarlas. Así, pues, Fogg se encontraba con veinticuatro horas de diferencia, en las condiciones de su programa, treinta y cinco días después de su salida de Londres.

El Carnatic no zarparía hasta el día siguiente, a las cinco de la mañana. Fogg disponía de dieciséis horas para ocuparse de sus asuntos, es decir, de los de Aouda. Al desembarcar, ofreció su brazo a la joven y la condujo a un palanquín. Al pedir a los portadores el nombre de un hotel, le indicaron el Hotel del Club. El palanquín se puso en camino, seguido de Passepartout, y veinte minutos después llegaron a su destino.

Fue reservada una habitación para la joven. Phileas Fogg se cuidó de que no faltase nada a Aouda. Después indicó a la joven que se pondría inmediatamente en busca del pariente a cuyos cuidados debía quedarse en Hong-Kong. Al mismo tiempo dio a Passepartout la orden de que permaneciese en el hotel hasta su regreso, a fin de que la joven no se quedase sola.

El caballero se hizo conducir a la Bolsa, donde seguramente sería conocido un personaje como el honorable Jejeeh, que se contaba entre los más ricos comerciantes de la ciudad.

El agente de Bolsa a quien Fogg se dirigió conocía, en efecto, al comerciante parsi. Pero, desde hacía dos años, no residía ya en China. Amasada su fortuna, se había establecido en Europa —en Holanda, al parecer—, lo que se explicaba por las numerosas relaciones que había tenido con ese país durante su vida comercial.

Phileas Fogg regresó al hotel, solicitó permiso a Aouda para verla y, sin ningún preámbulo, le explicó que el honorable Jejeeh ya no residía en Hong-Kong, sino que, al parecer, vivía en Holanda. Al recibir estas noticias, Aouda no contestó nada por el momento, se pasó la mano por la frente y reflexionó durante unos instantes. Después, con voz dulce, dijo:

—¿Qué debo hacer, señor Fogg?

—Es muy sencillo —contestó nuestro caballero—. Ir a Europa.

—Pero yo no puedo abusar...

—Usted no abusa. Su presencia no altera en nada mi programa. ¡Passepartout!

—Señor —contestó el criado.

—Vaya usted al **Carnatic** y reserve tres camarotes.

Passepartout, encantado de continuar su viaje en compañía de la joven, a quien encontraba llena de gracia, salió apresuradamente del Hotel del Club.

# XIX

### En el que Passepartout demuestra
### excesivo interés por su amo,
### y las consecuencias que ello tuvo

Hong-Kong no es más que un islote que el tratado de Nanking, después de la guerra de 1842, concedió a los ingleses. En algunos años, el genio colonizador de la Gran Bretaña fundó una ciudad importante y construyó el puerto Victoria. Esta isla está situada en la desembocadura del río Cantón, y sólo sesenta millas la separan de la ciudad portuguesa de Macao, emplazada en la orilla opuesta. Hong-Kong tenía que vencer necesariamente a Macao, en una lucha comercial, y ahora la mayor parte del tránsito chino se efectúa por el puerto inglés. Depósitos, hospitales, muelles, una catedral gótica, un edificio del gobierno, calles asfaltadas, todo hacía pensar en una ciudad comercial de los condados de Kent o de Surrey, que, atravesando la esfera terrestre, había surgido en aquella punta de China situada casi en sus antípodas.

Passepartout, con las manos en los bolsillos, se dirigió al puerto Victoria, contemplando los palanquines, las carretillas de vela, todavía en uso en el Celeste Imperio, y la multitud de chinos, japoneses y europeos que se apiñaban en las calles. Con escasa diferencia, aquello era todavía parecido a Bombay, Calcuta o Singapur, según opinaba nuestro muchacho mientras efectuaba su recorrido. Hay en todo el mundo reguero parecido de ciudades inglesas.

Passepartout llegó al puerto Victoria. Allí, en la desembocadura del Cantón, hormigueaban buques de todas las nacionalidades: ingleses, franceses, americanos, holandeses, buques de guerra y de comercio, embarcaciones japonesas y chinas, juncos, sampanes, tankas y hasta bateles floridos semejantes a jardines flotantes. Mientras paseaba, Passepartout se fijó en algunos indígenas vestidos de amarillo, todos ellos de avanzada edad. habiendo entrado en una barbería para hacerse afeitar "a la china", supo por el fígaro del lugar, que hablaba bastante bien el inglés, que aquellos ancianos tenían por lo menos ochenta años, a partir de cuya edad tenían derecho de usar el amarillo, que es el color imperial. Passepartout halló eso muy extraño, sin saber exactamente por qué.

Una vez afeitado se dirigió al muelle donde estaba anclado el **Carnatic,** donde allí encontró a Fix, que se paseaba arriba y abajo, cosa que no le extrañó. Pero el rostro del inspector mostraba una viva contrariedad.

—¡Vaya! parece que las cosas marchan mal para los caballeros del Reform-Club.

Y se acercó a Fix con su sonrisa risueña, como si no hubiese advertido el aire enfurruñado de su compañero.

El inspector de policía tenía sus buenas razones para echar pestes contra la infernal desgracia que lo perseguía. ¡La orden de arresto no había llegado! Era evidente que dicha orden corría detrás de él, pero no la recibiría si no esperaba algunos días en aquella ciudad. Sin embargo, Hong-Kong era el último territorio inglés de todo el recorrido, y Phileas Fogg se le escaparía definitivamente si no conseguía retenerlo.

—Y bien, señor Fix, ¿Está usted decidido a venir con nosotros a América? —preguntó Passepartout.

—Sí —contestó el policía, apretando los dientes.

—¡Vamos! —exclamó Passepartout, lanzando una sonora carcajada. ¡Ya sabía yo que usted no podía separarse de nosotros! ¡Venga, a tomar su pasaje, venga!

Y ambos entraron en la oficina de transportes marítimos y reservaron camarotes para cuatro personas. Pero el empleado les advirtió que, habiendo terminado el **Carnatic** sus reparaciones, el paquebote zarparía aquella misma tarde, a las ocho, y no al día siguiente por la mañana, como había sido anunciado.

—¡Muy bien! —respondió Passepartout—. Esto agradará a mi amo. Voy a decírselo.

En aquel momento, Fix tomó una decisión extrema: decidió contárselo todo a Passepartout. Quizá era el único medio de retener a Phileas Fogg durante algunos días en Hong-Kong. Al salir de las oficinas, Fix invitó a su compañero a tomar un refresco en una taberna. Como Passepartout disponía de tiempo, aceptó la invitación del agente.

En el mismo muelle hallaron una taberna de aspecto acogedor. Al fondo de una sala bien decorada, se extendía un entarimado cubierto de cojines donde se encontraban varios durmientes.

Una treintena de parroquianos ocupaban en la gran sala pequeñas mesas de junco entrelazado. Algunos bebían cerveza en grandes tarros, otros consumían licores alcohólicos, ginebra o coñac. La mayoría fumaban largas pipas de barro cocido, llenas de bolitas de opio mezclado con esencia de rosas. De vez en cuando, algún fumador enervado caía bajo la mesa y los camareros del establecimiento lo cogían por los pies y la cabeza y lo llevaban al entarimado, donde lo instalaban al lado de algún cofrade. Una veintena de aquellos borrachos estaban alineados uno junto a otro, sumidos en el último grado de embrutecimiento.

Fix y Passepartout comprendieron que habían entrado en un fumadero frecuentado por esos miserables, estúpidos, apelmazados e idiotas, a los cuales la mercantil Inglaterra vende anualmente doscientos setenta millones de francos de esta funesta droga llamada opio. ¡Tristes millones sacados de uno de los vicios más nefastos de la naturaleza humana!

El gobierno chino ha tratado de remediar tal abuso por medio de severas leyes, pero ha sido en vano. De la clase rica, a la cual estaba reservado el uso de opio, este vicio ha descendido a las clases inferiores, y sus estragos no han podido ser atajados. Se fuma opio en todas partes y siempre en el imperio del vicio. Hombres y mujeres se entregan a esta pasión deplorable, y cuando se han acostumbrado a las inhalaciones no pueden prescindir de ellas, porque experimentaban horribles contracciones de estómago. Un gran fumador puede consumir hasta ocho pipas diarias, pero muere al cabo de cinco años. Era, pues, en uno de los numerosos fumaderos que se encuentran incluso en Hong-Kong donde Fix y Passepartout habían entrado con la intención de tomar un refresco. Passepartout no llevaba dinero, pero había aceptado agradecido la "cortesía" de su compañero, dispuesto a corresponder a su debido tiempo.

Pidieron dos botellas de Oporto, a las cuales el francés hizo los debidos honores, al paso que Fix, más reservado, observaba con atención a su compañero. Hablaron de varias cosas, sobre todo de la excelente idea que había tenido Fix de tomar pasaje en el Carnatic, y cuando lo hicieron a propósito de este paquebote, cuya partida se había adelantado en varias horas. Passepartout se levantó, después de haber vaciado las botellas, dispuesto a ir a avisar a su amo. Pero Fix lo detuvo.

—Un momento —dijo.

—¿Qué desea usted, señor Fix?

—He de hablarle de cosas serias.

—¿De cosas serias? —exclamó Passepartout, apurando algunas gotas que habían quedado en el fondo del vaso—. Ya hablaremos de ello mañana. Hoy no tengo tiempo.

—No se vaya —dijo Fix—. Se trata de su amo.

Passepartout, al oir aquello, miró fijamente a su interlocutor. La expresión de la cara de Fix le pareció singular. Volvió a sentarse.

—¿Qué tiene usted que decirme? —preguntó.

Fix puso su mano sobre el brazo de su compañero y bajando la voz, le preguntó:

—¿Ha adivinado usted quien soy yo?

—¡Caramba! —exclamó Passepartout, sonriendo.

—Entonces voy a contárselo todo...

—Una vez sabido, compadre, la cosa pierde interés. De todas maneras, empiece. Sin embargo, permita usted que antes le diga que esos caballeros se gastan el dinero inútilmente.

¡Inútilmente —dijo Fix—. Habla usted de ello muy a la ligera. Bien se advierte que ignora usted el importe de la suma.

—Estoy perfectamente informado —contestó Passepartout—. Veinte mil libras.

—¡Cincuenta y cinco mil! precisó Fix, estrechando la mano del francés.

—¿Qué? —dijo Passepartout—. ¿Mi amo habría osado...? ¡Cincuenta y cinco mil libras! ¡Vaya! ¡Razón de más para no perder un instante! —añadió, levantándose de nuevo.

—¿Cincuenta y cinco mil libras! —prosiguió Fix, obligando a Passepartout a sentarse de nuevo, tras haber pedido una botella de coñac—. Y si triunfo ganaré una prima de dos mil libras. ¿Acepta usted quinientas, a condición de ayudarme?

—¿Ayudarlo? —preguntó Passepartout, con los ojos desmesuradamente abiertos.

—Sí, ayudarme a retener a Fogg durante unos días en Hong-Kong.

—¡Eh! ¿Qué quiere usted decir? —preguntó Passepartout—. ¿No contentos con hacer seguir a mi amo, de sospechar de su lealtad, esos caballeros todavía quieren crearle obstáculos? ¡me avergüenzo de ellos!

—¿Qué quiere usted decir? —preguntó Fix.

—Pues que es una gran indelicadeza. Sería como despojar al señor Fogg, arrebatarle el dinero del bolsillo.

—Tal es nuestro designio.

—¡Pero esto es una celada! —Exclamó Passepartout animado por la influencia del coñac que le servía liberalmente y que bebía sin darse cuenta—. ¡Una verdadera celada! ¡Y preparada por caballeros, por colegas!.

Fix empezaba a no entender nada.

—¡Colegas! —grito Passepartout—. ¡Socios del Reform-Club! A de saber usted, señor Fix, que mi amo es un hombre honrado y que, cuando hace una apuesta, pretende ganarla limpiamente.

—Pero ¿quién cree usted que soy yo? —preguntó Fix, mirando fijamente a Passepartout.

—¡Caramba! Un agente de los socios del Reform-Club, que tiene la misión de controlar el itinerario de mi amo, lo cual no deja de ser humillante. Así, aunque adiviné su condición hace tiempo, me he guardado mucho de revelársela al señor Fogg.

—¿No sabe nada? —preguntó Fix.

—Nada contestó Passepartout, vaciando una vez más su vaso.

El inspector de policía se pasó la mano por la frente. Vacilaba antes de tomar de nuevo la palabra. ¿Qué tenía que hacer? El error de Passepartout parecía sincero, pero hacía más difícil su proyecto. Era evidente que aquel muchacho hablaba con una absoluta buena fe y que no era cómplice de su amo, cosa que Fix había temido. "Pues bien, puesto que no es su cómplice me ayudará", se dijo.

El detective se afirmó en su decisión. Por otra parte, no tenía tiempo que perder. Era preciso retener a Fogg en Hong-Kong a todo precio.

—Escuche —dijo Fix, en tono cortante—, escúcheme bien. No soy lo que usted cree, es decir, un agente de los socios de Reform-Club...

—¡Bah! —dijo Passepartout en tono burlón.

—Soy un inspector de policía, encargado de una misión de la jefatura metropolitana...

—¡Usted! ¡Inspector de policía!

—Sí, y puedo demostrárselo. Vea mi credencial.

Y el agente, sacando un papel de su bolsillo, mostró a su compañero un nombramiento firmado por el jefe de la policía central. Passepartout, atónito, contemplaba a Fix sin poder articular palabra.

—La apuesta del caballero Fogg —prosiguió diciendo Fix— no es más que un pretexto con el que ha embaucado a usted y a los socios del Reform-Club, pues tenía interés en asegurarse su inconsciente complicidad.

—Pero ¿por qué..?

—Escuche, el día 28 de septiembre último, un robo de cincuenta y cinco mil libras fue cometido en el Banco de Inglaterra por un individuo cuyas señas han podido ser establecidas y coinciden exactamente con las de Fogg.

—¡Basta! —gritó Passepartout, pegando un puñetazo sobre la mesa—. ¡Mi amo es el más honrado del mundo!

—¿Qué sabe usted de él? usted no lo conoce. Entró a su servicio el mismo día de su partida. Su amo salió precipitadamente, con un pretexto insensato, sin maletas y llevándose una fuerte cantidad en billetes de banco. ¿Y aún osa usted afirmar que se trata de un hombre honrado?

—¡Sí! ¡sí! —repetía maquinalmente Passepartout.

—¿Desea usted, pues, ser arrestado como cómplice?

Passepartout se sostenía la cabeza con ambas manos. No parecía el mismo. No osaba mirar al inspector de policía. ¡Phileas Fogg un ladrón, el salvador de Aouda, el hombre generoso y valiente! Y, sin embargo, ¡Cuántas sospechas se acumulaban contra él! Passepartout se resistía a creer en la culpabilidad de su amo.

—En fin, ¿qué desea usted de mi? —preguntó al agente de policía, haciendo un gran esfuerzo por contenerse.

—Lo siguiente —contestó Fix. He seguido a Fogg hasta aquí, pero no he recibido aún la orden de arresto que pedí a Londres. Es necesario, pues, que me ayude usted a retener a Fogg en Hong-Kong...

—¿Yo? ¿Yo, que he...?

—Y me partiré con usted la prima de dos mil libras ofrecidas por el Banco de Inglaterra.

—¡Jamás! —contestó Passepartout, que quiso levantarse y volvió a caer sintiendo que su razón y sus fuerzas lo abandonaban a la vez. Señor Fix —balbuceó—, aunque todo lo que me ha dicho fuese verdad..., aunque mi amo fuera el ladrón a quien usted busca..., lo cual niego..., estoy a su servicio..., he sido testigo de su bondad y generosidad... No podría traicionarlo nunca, ni por todo el oro del mundo...

—¿Rehusa usted?

—Sí.

—Consideremos que no he dicho nada —contestó Fix— bebamos.

—Sí, bebamos.

Passepartout se sentía cada vez más embriagado. Fix, comprendiendo que era preciso separarlo de su amo decidió terminar con él. Sobre la mesa se encontraron algunas pipas cargadas con opio. Fix deslizó una en la mano de Passepartout, quien la tomó, se la llevó a los labios, la encendió, aspiró algunas bocanadas, hasta que bajo la influencia del narcótico, su cabeza cayó hacia adelante.

—Por fin —dijo Fix—, el señor Fogg no será avisado a tiempo acerca de la partida del **Carnatic**. Si parte, por lo menos lo hará sin este maldito francés.

Luego salió de la taberna tras haber pagado el gasto.

# XX

## En el que Fix estable relación directa con Phileas Fogg

Mientras se desarrollaba la anterior escena, que iba tal vez a comprometer gravemente su futuro, Fogg, acompañado de Aouda, se paseaba por las calles de la ciudad inglesa. Desde que Aouda había aceptado su ofrecimiento de conducirla a Europa, había tenido que preocuparse de todos los detalles que implica siempre un viaje largo. Que un inglés como él realizara la vuelta al mundo con un pequeño maletín, era algo que podía aceptarse; pero una mujer no podía emprender tal travesía en aquellas condiciones. De ahí la necesidad de equiparla con vestidos y todos los objetos necesarios para el viaje. Fogg realizó aquella tarea con su calma habitual, y a todas las excusas u objeciones de la joven viuda, que se hallaba confusa ante tanta obsequiosidad, respondía invariablemente:

—Es en interés de su viaje; está incluido en mi programa.

Una vez efectuada las compras, Fogg y la joven regresaron al hotel y cenaron en la mesa redonda, que estaba suntuosamente servida. Luego, Aouda, que se encontraba un poco fatigada, subió a su habitación, después de estrechar "a la inglesa" la mano de su imperturbable salvador.

El honorable caballero se absorbió en la lectura del **Times** y del **Illustrated London News.**

Si hubiese sido hombre capaz de asombrarse por algo, lo hubiera hecho al no ver aparecer a su criado a la hora de acostarse. Pero, sabiendo que el paquebote de Yokohama no debía partir de Hong-Kong sino hasta la mañana siguiente, no se preocupó de ello. Al día siguiente, Passepartout no respondió a la llamada de su amo.

Lo que pensó el honorable caballero al enterarse de que su criado no había regresado al hotel, nadie puede decirlo.

Fogg se limitó a tomar su maletín, hizo avisar a Aouda y mandó buscar un palanquín.

Eran las ocho. La marea alta, que el **Carnatic** debía aprovechar para salir de los canales, estaba prevista para las nueve y media.

Cuando el palanquín llegó a la puerta del hotel, Fogg y Aouda montaron en el cómodo vehículo. El equipaje los siguió en una carretilla.

Media hora más tarde, los viajeros se apeaban en el muelle, donde Fogg se enteró de que el **Carnatic** había salido la víspera.

Nuestro caballero, que esperaba hallar, a la vez, al buque y a su criado, tenía que prescindir de ambos. Pero ninguna expresión de desaliento asomó a su rostro y cuando Aouda lo miró, inquieta, se limitó a decir:

—Se trata de un incidente, señora. Nada más.

En aquel momento, un personaje que estaba observándolo con atención se acercó a él. Era el inspector Fix, quien, después de saludar, dijo:

—¿No es usted, caballero, como yo, uno de los pasajeros del **Rangoon,** llegado ayer?

—Sí, señor —contestó fríamente Fogg—. Pero no tengo el honor...

—Perdóneme usted, pero creía encontrar aquí a su criado...

—¿Sabe usted dónde está, señor? —preguntó vivamente Aouda.

—¡Cómo! —exclamó Fix, fingiéndose sorprendido—. ¿No está con ustedes?

—No —contestó Aouda—. Desde ayer que no sabemos nada de él. ¿Se habrá embarcado sin nosotros en el Carnatic?

—¿Sin ustedes, señora? —dijo Fix—. Pero permítame una pregunta: ¿Pensaban ustedes embarcar en aquel paquebote?

—Sí, señor.

—Yo también, señora, y estoy muy contrariado. El **Carnatic,** una vez listas sus reparaciones, salió de Hong-Kong, hace doce horas, sin previo aviso, y será necesario esperar ocho días la próxima salida.

Al pronunciar la palabras "ocho días", Fix sintió su corazón saltar de felicidad. ¡Ocho días! Fogg retenido ocho días en Hong-Kong. Habría tiempo de recibir la orden de arresto. Por fin la suerte se mostraba propicia al representante de la ley.

Júzguese, pues, del golpe que representó para él oír que Fogg decía, con voz tranquila y fría:

—Pero me parece que hay otros buques en el puerto de Hong-Kong además del **Carnatic.**

Y Fogg, tras pronunciar estas palabras, ofreció el brazo a Aouda y dirigióse a los muelles en busca de un barco que partiese para el Japón.

Fix, aturdido, los siguió. Diríase que un hilo invisible lo unía a aquel hombre.

De todas maneras, parecía que la suerte había abandonado a aquel a quien había protegido hasta entonces. Durante tres horas, Phileas Fogg recorrió el puerto en todos sentidos, decidido, si era preciso a fletar un buque que lo llevara a Yokohama; pero no vio más que barcos cargando o descargando y que, por consiguiente, no podía aparejar. Fix empezó a cobrar esperanza.

Sin embargo, Fogg no se desconcentraba y estaba dispuesto a continuar su búsqueda hasta Macao, cuando fue abordado por un marino.

—¿Desea un barco el señor? —preguntó.

—Tiene usted un barco listo para zarpar? —preguntó Fogg.

—Sí, señor. El barco piloto número 43, el mejor de la flotilla.

¿Anda bien?

—Desarrolla una velocidad entre ocho y nueve millas ¿Quiere usted verlo?

—Sí.

—El señor quedará satisfecho. ¿Se trata de paseo?

—No; de un viaje.

—¿Un viaje?

—¿Se encargaría usted de conducirme a Yokohama?

El marinero, al oir aquellas palabras, dejó caer los brazos y se quedó mirando con los ojos muy abiertos a su interlocutor.

—¿El señor quiere burlarse de mi? —dijo.

—No. No pude embarcar con el **Carnatic** y es preciso que el día 14 a más tardar, esté en Yokohama, para tomar el paquebote de San Francisco.

—Lo siento, señor; pero es imposible —contestó el piloto.

—Le ofrezco cien libras por día y una prima de doscientas si llegamos a tiempo.

—¿Va en serio?

—Muy en serio.

El piloto se apartó unos pasos y miró al mar, luchando, evidentemente, entre el deseo de ganar una suma enorme y el temor de aventurarse tan lejos. Fix sentíase presa de una mortal angustia.

Mientras tanto, Fogg se volvió hacia Aouda y le preguntó:

—¿Tendrá usted miedo, señora?

—Con usted no, señor Fogg —respondió la joven.

El piloto avanzó de nuevo hacia nuestro caballero, haciendo girar su sombrero entre las manos.

—¿Y bien, piloto? —preguntó Fogg.

—Pues bien, señor, no puedo arriesgar a mis hombres ni a usted, ni a mí mismo en una travesía tan larga con un buque de veinte toneladas escasas y en esta época del año. Por otra parte, no llegaríamos a tiempo, pues hay mil seiscientas cincuenta millas de Hong-Kong a Yokohama.

—Sólo mil seiscientas —rectificó Fogg.

—Da lo mismo.

—Pero —añadió el piloto— tal vez haya otra manera de arreglarlo.

Fix contuvo la respiración.

—¿Cuál?

—Yendo a Nagasaki, en el extremo sur del Japón, o solamente hasta Shanghai, a ochocientas millas de Hong-Kong. En esa última travesía no nos alejaríamos de la costa china, lo cual representaría una gran ventaja, tanto más cuanto que las corrientes llevan hacia el norte.

—Piloto —contestó Fogg—, es en Yokohama donde debo tomar el correo norteamericano y no en Shanghai o en Nagasaki.

—¿Por qué no? —dijo el piloto—. El Paquebote de San Francisco no parte de Yokohama. Hace escala en este último puerto y en Nagasaki, pero su punto de partida es Shanghai.

—¿Está usted seguro de lo que dice?

—Absolutamente.

—¿Y cuándo zarpa de Shangai el paquebote?

—El día 11, a las siete de la tarde. Tenemos, pues, cuatro días de tiempo. Cuatro días, es decir, noventa y seis horas, y con una velocidad media de ocho millas por hora, si el viento viene del sudeste y el mar está en calma, podremos recorrer las ochocientas millas que nos separa de Shanghai.

—¿Y usted podría partir...?

—Dentro de una hora. Sólo necesito el tiempo de abastecerme de víveres y aparejar.

—Trato hecho. ¿Es usted el patrón del barco?

—Sí, señor. Soy John Bunsby, patrón de la **Tankadera**.

—Si le parece bien al señor...

—Aquí tiene doscientas libras a cuenta —dijo Fogg, y, dirigiéndose a Fix, añadió—: Si el señor desea aprovechar...

—Señor —respondió resueltamente Fix—, iba a pedirle este favor.

—Bien, dentro de media hora estaremos a bordo.

—Pero ese pobre muchacho... —dijo Aouda, muy preocupada por la desaparición de Passepartout.

—Haré por él todo cuanto me sea posible —contestó Fogg. Y mientras Fix, nervioso, febril, enfurecido, se dirigía al buque-piloto, ambos se encaminaron a las oficinas de la policía de Hong-Kong. Allí, Fogg dio la filiación de Passepartout y dejó una suma suficiente para atender a su repatriación. La misma formalidad fue cumplida en el consulado francés. El palanquín, después de parar delante del hotel, donde recogieron el equipaje, dejo a los viajeros en el muelle.

Daban las tres. El barco-piloto número 43, con su tripulación a bordo y los víveres embarcados, se hallaba dispuesto para zarpar.

La **Tankadera** era una linda goleta de veinte toneladas, de esbelta proa, airosa y con una línea de flotación muy prolongada. Sus relucientes cobres, sus herrajes galvanizados, su puente de una blancura de marfil, indicaban que el patrón John Bunsby sabía mantenerla en buen estado. Sus dos mástiles se inclinaban ligeramente hacia la popa. Llevaba cangreja, mesana, trinquete, foques, flechas y botalones y podía aparejar bandola para viento en popa. Debía marchar maravillosamente y, en verdad, había ganado varios premios en las competiciones de barcos-pilotos.

La tripulación de la **Tankadera** se componía del patrón, John Bunsby, y de cuatro hombres. Eran bravos marineros que, en todo tiempo, se arriesgaban a la búsqueda de navíos en peligro, y conocían perfectamente aquellos mares. El patrón, hombre de unos cuarenta y cinco años, vigoroso, de tez morena, mirada viva y rostro enérgico, seguro de sí mismo y perfecto conocedor de su oficio, habría inspirado confianza a los más temerosos.

Phileas Fogg y Aouda subieron a bordo, donde ya se encontraba Fix. Por el alcázar de popa se descendía a una cámara cuadrada, cuyos tabiques se arqueaban sobre un diván circular. En el centro había una mesa alumbrada por una lámpara de seguridad. La estancia era pequeña, pero limpia.

—Lamento no tener nada mejor que ofrecerle —dijo Fogg a Fix, quien se inclinó sin pronunciar palabra.

El inspector de policía era presa de una especie de humillación al aprovechar de esta manera los favores de Phileas Fogg.

"No cabe duda —pensaba— que es un solemne bribón, pero un bribón muy cortés".

A las tres y diez fueron izadas las velas. El pabellón de Inglaterra ondeaba en el tope del cangrejo, de la goleta. Los pasajeros se hallaban sentados en el puente. Fogg y Aouda miraron por última vez el muelle, para ver si, por fin, se presentaba Passepartout.

Fix experimentaba cierta inquietud, pues el azar hubiera podido conducir a aquel mismo lugar al desdichado muchacho, tan indignamente tratado por él, tras lo cual se hubiera producido una explicación de la que no habría podido salir muy airoso. Pero el francés no apareció, ya que, sin duda, el embrutecedor narcótico lo tenía aún bajo su influencia.

Por fin, el patrón se internó en el mar y la **Tankadera**, enfilando el viento con cangreja, mesana y foques, se lanzó ágilmente entre las olas.

# XXI

## Donde el patrón de la Tankadera está a punto de perder una prima de doscientas libras

Aquella travesía de ochocientas millas era una empresa arriesgada, sobre todo debido al hecho de que la embarcación desplazaba sólo veinte toneladas y era una mala época del año para la navegación. Los mares de la China son peligrosos, expuestos a ventoleras muy fuertes, principalmente durante los equinoccios, y a la sazón se estaba aún a principios de noviembre.

Evidentemente, hubiera sido más ventajoso para el piloto conducir a los pasajeros hasta Yokohama, puesto que le pagaban por día. Pero grande hubiera sido su imprudencia si hubiese emprendido aquella travesía en tan malas condiciones, y era ya un acto de audacia, o mejor dicho, de temeridad, tratar de subir hasta Shanghai. Pero John Bunsby tenía confianza en su **Tankadera,** que flotaba sobre las olas como una flor, y tal vez no le faltaba razón.

Durante las últimas horas de aquella jornada, la **Tankadera** navegó por los caprichosos pasos de Hong-Kong, y en todas las maniobras se portó admirablemente.

—No tengo necesidad, piloto —dijo Fogg, en el momento en que la goleta se lanzaba al mar abierto—, de recomendarle toda la diligencia posible.

—Confíe en mí, señor —contestó John Bunsby—. Tocante a velas, llevamos todas las que el viento permite. Las flechas, en lugar de favorecernos, sólo servirán para frenar la marcha.

—Es su oficio, no el mío, piloto, y tengo confianza en usted—. Phileas Fogg, con el cuerpo erguido y abiertas las piernas como un marino miraba, impasible, las rizadas olas. La joven, sentada a popa, contemplaba emocionada aquel océano, ya oscureciendo por el crepúsculo, que ella desafiaba a bordo de aquella frágil embarcación. Por encima de su cabeza, se desplegaban las blancas velas que la llevaban a través del espacio como si fueran grandes alas. La goleta, levantada por el viento, parecía volar en el aire.

Llegó la noche. La luna entraba en su primer cuarto y su insuficiente claridad desaparecía pronto en las brumas del horizonte. Las nubes asomaban por el este e invadían ya una parte del cielo.

El piloto había dispuesto sus luces de posición, precaución indispensable en aquellos mares, que eran muy frecuentados, especialmente cerca de la costa. Los abordajes no eran raros, y con la velocidad que llevaba la goleta se hubiera partido al menor choque.

Fix reflexionaba, instalado en la proa del barco. Se mantenía aparte, pues sabía que Fogg no se caracterizaba por su locuacidad. Por otra parte, le repugnaba hablar a aquel hombre, del cual había aceptado los servicios. Pensaba también en el porvenir. Le parecía evidente que Fogg no se detendría en Yokohama, sino que tomaría inmediatamente el paquebote de San Francisco, con el fin de alcanzar América, cuya vasta extensión le aseguraba la impunidad. El plan de Fogg le parecía de una gran sencillez.

En vez de embarcarse en Inglaterra para América, como un vulgar bribón, Fogg había dado un gran rodeo y atravesado las tres cuartas partes de la tierra, a fin de ganar con más seguridad el continente americano, donde gastaría tranquilamente el millón del Banco, tras haber despistado a la policía. Pero, una vez en los Estados Unidos, ¿qué haría Fix? ¿Abandonaría la persecución de aquel hombre? ¡No, cien veces no! hasta que no consiguiese un mandato de extradición, no dejaría de pisarle los talones. Era su deber y lo cumpliría hasta el final. En todo caso, había ocurrido una circunstancia afortunada: Passepartout ya no estaba con su amo, y, sobre todo después de las confidencias de Fix, era importante que amo y criado no se viesen de nuevo.

Phileas Fogg, por su parte, no dejaba de pensar en su criado, desaparecido de una manera tan rara. Tras madura reflexión, no le parecía imposible que, a causa de un mal entendido, el pobre muchacho hubiese embarcado a última hora en el **Carnatic.** En esta misma opinión abundaba Aouda, quien echaba de menos a aquel criado que tanto había hecho por ella. Podía ocurrir, pues, que lo encontrasen en Yokohama, donde se enteraría de lo sucedido.

Hacia las diez, la brisa refrescó. Tal vez hubiera sido prudente tomar un rizo, pero el piloto, después de examinar el estado del cielo, dejó el velamen como estaba. Por otra parte, la **Tankadera** llevaba admirablemente el trapo, debido a su gran calado, y todo estaba preparado, en caso de turbonada, para aferrar rápidamente.

A medianoche, Fogg y Aouda descendieron a la cámara. Fix los había precedido y descansaba en su litera. En cuanto al patrón y a sus hombres, permanecieron toda la noche en el puente.

Al día siguiente, 8 de noviembre, a la salida del sol, la goleta había recorrido más de cien millas. La corredera, soltada a menudo, indicaba que la velocidad media era entre ocho y nueve millas. La **Tankadera,** con todas sus velas hinchadas, alcanzaba el máximo de velocidad; si el viento continuaba en aquellas condiciones, el éxito era seguro.

La **Tankadera,** durante todo el día, se alejó poco de la costa, cuyas corrientes le eran favorables. La tenía, a lo sumo, a cinco millas a babor, y su perfil irregular se vislumbraba a veces a través de algunos claros. El viento soplaba de tierra y el mar era menos agitado, afortunada circunstancia para la goleta, porque las embarcaciones de pequeño tonelaje sufren mucho con la marejada que frena su velocidad y "las mata", para emplear la expresión marinera.

Hacia el mediodía, la brisa amainó un poco y derivó hacía el sudeste. El patrón mandó izar las flechas; pero al cabo de dos horas dispuso que se arriaran, porque el viento se había soltado de nuevo.

Fogg y la joven, afortunadamente refractarios al mareo, comieron con apetito las conservas y la galleta de abordo. Fix fue invitado a participar de su comida y tuvo que aceptar, sabiendo que es preciso lastrar los estómagos como se hace con los buques, pero aquello lo contrariaba en gran manera. Viajar a costas de aquel hombre, alimentándose con sus provisiones, lo consideraba poco leal. Sin embargo, comió —poco, es verdad—, pero comió.

De todos modos, cuando la comida terminó, creyó que era su deber llamar a Fogg aparte y decirle:

—Señor...

La palabra "señor" le quemaba los labios y tenía que reprimirse para no echar mano al cuello de aquel "señor".

—Señor, ha sido usted muy amable ofreciéndome pasaje a bordo. Pero, aunque mis recursos no me permiten ser tan espléndido como usted, quisiera pagar mi parte...

—No hablemos de eso, caballero —contestó Fogg.

—Pero es que yo tengo interés en...

—No, señor —repitió Fogg en un tono que no admitía réplica—. Esto entra en el capítulo de gastos generales.

Fix se inclinó, medio sofocado, fue a recostarse a proa de la goleta y no pronunció una palabra en todo el día.

Mientras tanto, se avanzaba rápidamente. John Bunsby se mostraba lleno de esperanzas. En varias ocasiones dijo a Fogg que llegaría a tiempo a Shanghai. Nuestro caballero se limitó a responder que así lo esperaba. Por otra parte, la tripulación de la goleta extremaba su celo. La recompensa prometida espoleaba a aquellos valientes marineros. Así, no había escotilla que no se hallase bien tensa, ni vela que no estuviese bien izada, ni podía reprocharse al timonel ninguna falsa bordada. No se habría maniobrado más estrictamente en una regata del Royal Yacht Club.

Por la tarde, el patrón comprobó en la corredera que se había recorrido doscientos veinte millas desde Hong-Kong y Phileas Fogg podía esperar que, al llegar a Yokohama, no tendría que registrar ningún retraso en su horario. Así, pues, el primer contratiempo serio que había tenido desde su partida de Londres no le causaría probablemente ningún perjuicio.

Durante la noche, hacia la madrugada, la **Tankadera** entró en el estrecho de Fo-Kien, que separa la gran isla de Formosa de la costa china, y se adentró en el trópico de Cáncer. Había mar gruesa en el estrecho, con remolinos producidos por las contracorrientes. La goleta avanzaba con dificultad. Las olas cortas interrumpían su marcha y era difícil mantenerse de pie en el puente.

Al amanecer, el viento arreció. El cielo anunciaba tormenta. Por otra parte, el barómetro señalaba un cambio en la atmósfera. La marcha diurna era irregular y el mercurio oscilaba caprichosamente. Las aguas se encrespaban hacia el sudeste en largas olas "que presagiaban mal tiempo". la víspera, el sol se había puesto tras una bruma roja, en medio de los centelleos fosforecentes del océano.

El patrón, tras examinar durante largo rato el aspecto que presentaba el cielo, murmuró entre dientes palabras ininteligibles. En cierto momento, encontrándose cerca de su pasajero, le dijo en voz baja:

—¿Puedo ser franco con el señor?

—Completamente —contestó Fogg.

—Pues bien, vamos a tener vendaval.

—¿Del norte o del sur? —preguntó simplemente Phileas Fogg.

—Del sur. Se está preparando un tifón.

—Bien por el tifón del sur, puesto que no nos impulsará en la dirección adecuada.

—Si usted se lo toma así —replicó el piloto—, nada tengo que añadir.

Los presentimientos de John Bunsby no lo engañaron. En una época menos avanzada del año, el tifón, según expresión de un célebre meteorólogo, se hubiese desvanecido como una cascada luminosa de chispas eléctricas, pero en el equinoccio de invierno era de temer que desencadenase su violencia.

Sin embargo, el piloto había tomado sus precauciones. Mandó que se arriaran todas la velas y llevó las vergas a cubierta. Los botadores fueron destrabados y se condenaron cuidadosamente las escotillas. Ni una sola gota de agua podía entrar en la embarcación. Sólo se izó en trinquetilla un contrafoque, para mantener a la goleta con viento en popa, y se esperó.

John Bunsby había rogado a sus pasajeros que descendieran a la cámara, pero, en un espacio tan angosto y casi privado de aire, y debido al balanceo, aquel confinamiento no tenía nada de agradable. Ni Fogg, ni Aouda, ni el mismo Fix, consintieron en abandonar el puente.

Hacia las ocho, la tormenta de lluvia y de viento embistió, la **Tankadera** fue levantada como una pluma por aquel viento, del que uno no puede formarse idea exacta, cuando sopla tempestuosamente. Compara su velocidad a la cuádruple de una locomotora lanzada a todo vapor, sería quedar muy debajo de la verdad.

Durante todo el día, la embarcación navegó hacia el norte, impulsada por mostruosas olas que, afortunadamente, mantenía la misma velocidad que ella. Veinte veces estuvo a punto de ser engullida por una de aquellas montañas de agua que se levantaban a popa, pero la catástrofe fue evitada gracias a la hábil maniobra del timonel. A veces, los pasajeros quedaban completamente rociados por los golpes de mar, que aguantaban filosóficamente. Sin duda, Fix rezongaba; pero la intrépida Aouda, clavados los ojos en su compañero, cuya sangre fría admiraba, mostrábase digna de él y afrontaba la tempestad a su lado. En cuanto a Fogg, parecía que aquel tifón formase parte de su programa.

Hasta entonces, la **Tankadera** se había dirigido siempre hacia el norte, pero por la tarde, como era de esperar, el viento saltó tres cuartos y empezó a soplar del noroeste. La goleta, presentando entonces su flanco a la olas, fue espantosamente sacudida. El mar golpeaba con una violencia capaz de infundir pavor a quien ignore la solidez con que están unidas las diferentes partes de la embarcación

A la llegada de la noche, la tempestad aún arreció más. Al ver aumentar la oscuridad, y con ella la tormenta, John Bunsby empezó a ser presa de viva inquietud, y se preguntó si no sería oportuno buscar refugio. Tomó consejo de la tripulación.

Tras haber consultado con sus hombres, John Bunsby se acercó a Fogg y le dijo:

—Creo lo mismo —contestó Fogg.

—¡Ah! —exclamó el patrón—. Pero ¿cuál?

—Sólo conozco uno.

—¿Y es...?

—Shanghai.

Durante unos momentos el piloto no comprendió el alcance que significaba aquella respuesta, lo que delataba de obstinación y tenacidad. Luego dijo:

—Sí, tiene usted razón. ¡A Shanghai!

Y el rumbo de la **Tankadera** fue imperturbablemente mantenido hacia el norte.

Fue una noche verdaderamente terrible. Si la goleta no naufragó debióse a un milagro. Dos veces estuvo comprometida, y habría sido barrida su cubierta de no haberse mantenido firmes las trincas. Aouda estaba muy quebrantada, pero ni una queja se escapó de sus labios. Más de una vez Fogg tuvo que precipitarse hacia ella para protegerla contra la violencia de las olas.

Al llegar el día, la tempestad continuaba con extremado furor. De todas maneras, el viento derivó hacia sudeste, lo que significaba un cambio favorable. La **Tankadera** hizo de nuevo rumbo sobre aquel mar furioso cuyas olas chocaban contra las que suscitaba la nueva dirección del viento. El choque de oleajes contrarios hubiera hecho trizas cualquier embarcación menos sólida.

De vez en cuando, se entreveía la costa a través de las brumas desgarradas, pero no se avistaba ni un solo buque. La Tankadera se encontraba sola luchando contra el mar.

Al mediodía, hubo algunas señales de calma, que, con el descenso del sol en el horizonte, se acusaron más claramente.

La poca duración de la tempestad debíase a su misma violencia. Los pasajeros, completamente agotados, pudieron comer un poco y tomarse un corto descanso.

La noche fue relativamente apacible. El piloto hizo colocar las velas en rizos bajos, con lo cual la goleta adquirió de nuevo una considerable velocidad. Al amanecer del día 11, una vez reconocida la costa, Bunsby aseguró que Shanghai se encontraba a menos de cien millas.

Cien millas, que tenían que hacerse en una jornada. Fogg debía llegar a tiempo para embarcar en el paquebote de Yokohama. Sin aquella tempestad, a causa de la cual perdieron tantas horas, se encontrarían ahora a menos de treinta millas del puerto.

La brisa fue amainando; pero, desgraciadamente, el mar también se calmaba. La goleta desplegó todo su trapo: flechas, velas de estay, contrafoque actuaban conjuntamente y el mar espumeaba bajo la quilla.

Al mediodía, la **Tankadera** se hallaba solamente a cuarenta y cinco millas de Shanghai. Le quedaban todavía unas seis horas par arribar a puerto antes de la partida del paquebote. Un vivo temor hizo presa a bordo. Querían llegar a tiempo, costase lo que costase.

Todos excepto quizás Fogg, sentían latir de impaciencia sus corazones. Era necesario que la goleta mantuviese una velocidad media de nueve millas, pero el viento continuaba amainando. Era una brisa regular, procedente de tierra, que soplaba a ráfagas y rizaba ligeramente la superficie del agua.

Sin embargo, la embarcación era tan ligera, sus altas velas, de fino tejido, recogían tan bien las locas brisas, que, con ayuda de la corriente, John Bunsby calculaba, a las seis de la tarde, que no faltaban más de seis millas hasta la ría de Shanghai, pues la ciudad está situada a doce millas, por lo menos, de la desembocadura.

A las siete estaban aún a tres millas de Shaghai. Un formidable denuesto se escapó de los labios del piloto... Iba a perder la prima de doscientas libras. Miró a Fogg, que se mantenía impasible, aunque se jugaba toda su fortuna en aquel momento...

En aquellos instantes, un largo huso negro, coronado de un penacho de humo, apareció a ras del agua. Era el paquebote norteamericano, que salía a la hora reglamentaria.

—¡Maldición! —exclamó John Bunsby, rechazando el timón con su brusco movimiento.

—¡Señales! —dijo simplemente Fogg.

Un cañoncito de bronce, situado a proa de la **Tankadera,** servía para hacer señales en tiempo de niebla.

El cañón estaba cargado hasta la boca, pero en el momento en que el piloto iba a aplicar carbón ardiente a la mecha, Fogg dijo:

—¡Bandera a media asta!

La bandera fue arriada hasta la mitad del mástil, en demanda de auxilio, y era de esperar que el paquebote norteamericano, al advertirlo, modificaría por un instante su derrota para acercarse a la embarcación.

—¡Fuego! —dijo nuestro caballero.

Y la detonación del cañoncito de bronce rasgó los aires.

# XXII

*En el que Passepartout comprende que, hasta
en los antípodas, es prudente llevar
algún dinero en los bolsillos*

El **Carnatic**, después de zarpar de Hong-Kong, a las seis y media de la tarde del día 17 de noviembre, se dirigía a todo vapor hacia Japón. Llevaba carga completa de mercancías y pasajeros. Dos camarotes de popa estaban desocupados: los que habían sido reservados para Phileas Fogg.

A la mañana siguiente, los tripulantes de proa advirtieron, no sin sorpresa, a un pasajero que, con ojos turbios, el paso vacilante y la cabeza desgreñada, salía por la escotilla del departamento de segunda clase e iba a sentarse sobre un macho de fragua. El pasajero era Passepartout en persona. He aquí lo que había ocurrido.

Algunos instantes después de la salida de Fix del fumadero, dos mozos recogieron a Passepartout, profundamente dormido, y lo acostaron en la cama de los fumadores; pero tres horas mas tarde, Passepartout, acosado, incluso en sueños, por una idea fija, se despertó y empezó a luchar contra la acción estupefaciente del narcótico. La idea del deber incumplido sacudía su modorra. Salió de aquel lecho de borrachos y, tropezando, apoyándose en las paredes, cayéndose y levantándose, pero siempre empujando por una especie de instinto, salió del fumadero, gritando como en sueños: "¡El Carnatic! ¡El Carnatic!".

El paquebote ya estaba echando humo, dispuesto a partir. Passepartout sólo tenía que andar unos pasos. Corrió hacia la pasarela, franqueó la borda y cayó inanimado en la proa, en el momento en que el **Carnatic** soltaba amarras.

Algunos marineros, acostumbrados a semejantes escenas, llevaron al pobre muchacho a un camarote de segunda clase, y Passepartout se despertó el día siguiente a ciento cincuenta millas de las tierras de China. He aquí por qué, aquella mañana, Passepartout se encontraba en el puente del **Carnatic**, respirando a pleno pulmón las frescas brisas del mar. El aire puro lo despejó y, con muchas dificultades, empezó a poner orden en sus ideas. Pero, finalmente, recordó las escenas de la víspera, las confidencias de Fix y el fumadero de opio.

"Es evidente —se dijo— que he sido emborrachado. ¿Qué dirá mi amo? De todas maneras, no he perdido el barco, que es lo principal".

Después, acordándose de Fix, pensó:

"Tocante a éste, espero que nos habremos zafado de él y que no habrá osado, después de lo que me propuso, seguirnos a bordo del **Carnatic**. ¡Un inspector de policía, un detective, siguiendo a mi amo acusado del robo del Banco de Inglaterra!" ¡Vamos! ¡Fogg es tan ladrón como yo asesino!

¿Debía contar todo aquello a su amo? ¡Era conveniente informarlo del papel jugado por Fix en aquel asunto? ¿No sería mejor esperar el regreso a Londres para decirle que un agente de policía lo había seguido alrededor del mundo, para poder reírse de todo aquello? Sea como fuere, había que examinar el caso. Lo más urgente era encontrar a Fogg y presentarle las oportunas excusas por su incalificable conducta. Passepartout se levantó. Había mar gruesa y el paquebote cabeceaba fuertemente. Nuestro digno muchacho, aún con las piernas débiles, se dirigió con dificultades a popa. Sobre el puente, no vio a nadie que se pareciese a Fogg ni a Aouda.

"Bueno —pensó—, Aouda debe estar aún acostada a esta hora. En cuanto a mi amo, debe haber encontrado a algún jugador de **whist** y, siguiendo su costumbre, se..."

Mientras esos pensamientos cruzaban por su cabeza. Passepartout descendió al salón. Fogg no estaba allí. Passepartout no tenía más que preguntar al mayordomo cuál era el camarote de su amo.

Aquél le respondió que no conocía a ningún pasajero de aquel nombre.

—Perdone usted —dijo Passepartout, insistiendo—. Se trata de un caballero alto, frío, poco comunicativo, que va acompañado de una dama...

—No hay ninguna dama a bordo —respondió el mayordomo—. De todas maneras, he aquí la lista de los pasajeros. Puede usted consultarla.

Passepartout consultó la lista... El nombre de su amo no estaba en ella. Tuvo casi un desmayo. Después, una idea cruzó por su cerebro.

—¿Estoy realmente a bordo del **Carnatic**?

—Sí —contestó el mayordomo.

—¿En ruta para Yokohama?

—Eso es.

Passepartout había tenido por un momento el temor de haberse equivocado de barco. De todos modos, si bien él se encontraba abordo del **Carnatic,** lo cierto era que su amo no estaba.

El muchacho se dejó caer en un sillón, como herido por un rayo. Y, súbitamente, comprendió. Le vino a la memoria que la hora de la partida del **Carnatic** había sido avanzada, que debía avisar a su amo y no lo había hecho. ¡Culpa de él era, pues, que Fogg y Aouda hubiesen perdido el barco!

Era culpa suya, pero todavía más aún del traidor que, para separarlo de su amo, para retener a éste en Hong-Kong, lo había embriagado. Y ahora, Fogg estaba seguramente arruinado, había perdido la apuesta y se encontraba seguramente arrestado, encarcelado... Passepartout, al pensar en todo esto, se arrancaba los cabellos. ¡Ah! si algún día el inspector Fix caía en sus manos, ¡cómo le arreglaría las cuentas!

Tras los primeros momentos de abatimiento, Passepartout recobró la sangre fría y examinó la situación. Poco tenía de envidiable. Se hallaba en camino hacia Japón. Estaba seguro de llegar, pero ¿cómo volvería? No tenía ni una sola moneda en el bolsillo, ni un triste penique. De todas maneras, su pasaje y manutención a bordo estaban pagados. Disponía, pues, de cinco o seis días para tomar una decisión. Cómo tragó comida y bebió, durante la travesía, difícilmente puede ser descrito. Comió por su amo, por Aouda y por él. Comió como si el Japón, a donde se dirigía, fuese un país desierto, desprovisto de toda substancia alimenticia.

El día 13, a la hora de la marea de la mañana, el **Carnatic** entraba en el puerto de Yokohama. Este punto es una importante escala del Pacífico, donde se detienen todos los paquebotes correos que realizan el servicio entre América del Norte, China, Japón y las islas de la Malasia. Yokohama está situada en la misma bahía de Yedo, a corta distancia de aquella enorme ciudad, segunda capital del imperio japonés, antigua residencia del **Taikum,** en la época en que existía este emperador civil, y rival de Meako, la gran ciudad habitada por el Mikado, emperador religioso descendiente de los dioses.

El **Carnatic** atracó en el muelle de Yokohama, cerca de las escolleras y de los almacenes de la aduana, entre numerosos navíos de todas las nacionalidades. Passepartout desembarcó, sin ningún entusiasmo, en esa tierra tan curiosa de los Hijos del sol. Lo mejor que podía hacer era dejarse guiar por el azar. Marchar a la aventura por las calles de la ciudad.

Passepartout anduvo al principio a través de una ciudad completamente europea, con casas adornadas de galerías con columnas, y que cubría con sus calles, plazas, depósitos de mercancías y almacenes, todo el espacio comprendido entre el promontorio del Tratado y el río. Allí, como en Hong-Kong y en Calcuta, hormigueaba una mezcolanza de gente de todas razas: norteamericanos, ingleses, chinos, holandeses, mercaderes dispuestos a comprarlo y a venderlo todo. Passepartout, en medio de aquella multitud se encontraba tan extranjero como si hubiese llegado al país de los hotentotes. Sólo contaba con un recurso: presentarse ante los agentes consulares franceses o ingleses de Yokohama; pero le repugnaba contar su aventura. Así, pues, recorrió la parte europea de la ciudad, sin que el azar le sirviera de ninguna ayuda, y entró en la parte japonesa, decidido, si era necesario, a ir hasta Yedo.

Esta parte indígena de Yokohama tiene el nombre de Benten, diosa del mar adorada en las islas cercanas. Allí se podía contemplar admirables avenidas de pinos y cedros: puertas sagradas de curiosa arquitectura, puentes ocultos entre bambúes, templos que se levantaban bajo la bóveda inmensa y melancólica de cedros seculares; monasterios de bonzos, detrás de cuyos muros vegetaban sacerdotes budistas y sectarios de Confucio; calles interminables, donde hubiera podido recogerse una espléndida cosecha de niños de tez rosada y rojas mejillas, hombrecitos que parecían recortados de algún biombo indígena, y que jugaban entre perritos de piernas cortas y gatos amarillentos, sin cola, tan indolentes como cariñosos.

En las calles, todo era movimiento y hormigueante agitación: pasaban bonzos, en procesión redoblando sus monótonos tambores; akuninos, oficiales de aduana o de policía, tocados de sombreros puntiagudos con incrustaciones de laca y con dos sables al cinto; soldados vestidos de rayadillo azul y armados con fusiles de percusión; hombres de armas del Mikado, embutidos en sus túnicas de seda, con loriga y cota de mallas, y otros muchos militares de todas condiciones, pues en el Japón la profesión de soldado es muy respetada, al contrario de lo que sucede en China. Veíanse, además, hermanos postulantes, peregrinos de largas vestiduras, simples ciudadanos, de cabellos lacios y negros como el ébano, cabeza grande, cuerpo largo, piernas delgadas y japoneses se diferencian esencialmente. Finalmente, entre carruajes, palanquines, carros, carretillas, **cangos** mullidos, literas de bambú, se veían transitar, con los pies calzados con zapatos de tela, sandalias de paja o zuecos de madera labrada, a algunas mujeres de escasa hermosura, ojos oblicuos, pecho liso, dientes ennegrecidos, a la moda del día, pero vistiendo con elegancia el quimono nacional, especie de bata cruzada por una banda de seda, cuyo ancho cinturón forma en la espalda un extravagante lazo, que las modernas parisienses han copiado de la japonesas.

Passepartout se paseó durante algunas horas entre aquella abigarrada multitud admirando las curiosas y opulentas tiendas: los bazares donde se amontona todo el oropel de la joyería japonesa; los restaurantes, adornados con banderolas y estandartes, en los cuales no podía entrar, y las casas de té, donde se bebe, a tazas llenas, la aromática infusión, con el saki, licor extraído del arroz fermentado, y los fumadores, donde se consume un tabaco muy fino, no el opio, cuyo uso es casi desconocido en el Japón. Luego, Passepartout se encontró en el campo, en medio de inmensos arrozales. Allí se abrían, ofreciendo su último aroma y sus últimos matices, las brillantes camelias, que habían florecido, no en arbustos, sino en árboles; y en el interior de los cercados, almendros y manzanos, que los indígenas cultivan más por sus flores que por sus frutos, y que protegen contra los gorriones, palomas, cuervos y otros voraces volátiles, por medio de grotescos espantapájaros o ruidosos torniquetes. No había un solo cedro majestuoso que no albergase alguna águila, ni sauce llorón que no cubriese con su follaje alguna garza, melancólicamente apoyada sobre una pata. Por todas partes había cornejas, patos, gavilanes, gansos salvajes y gran número de esas grullas a las cuales los japoneses tratan de "Señoría", porque para ellos simbolizan la longevidad y la dicha.

Vagando, así, Passepartout vio algunas violetas entre la hierba.

—"¡Vaya! —pensó—. ¡He aquí mi cena!" Pero, tras haberla olido, advirtió que carecía de aroma. "¡mala suerte!", se dijo.

En efecto, nuestro buen muchacho, precavido, había desayunado copiosamente el en **Carnatic**; pero, después de tan largo paseo, sentía el estómago vacío. Habíase fijado que en los mostradores de las carnicerías se veían corderos, cabras o cerdos, y como ignoraba que era un sacrilegio sacrificar a los bueyes, que sólo se reservaban a las labores agrícolas, concluyó por pensar que la carne es rara en el Japón. No se equivocaba, pero a falta de carne, su estómago se hubiera contentado con una pierna de jabalí o de gamo, con perdices o codornices, o cualquier ave o pescado de los que se alimentan casi exclusivamente los japoneses, junto con el arroz. Pero, haciendo de la necesidad virtud, aplazó para el día siguiente el cuidado de proveer a su alimentación. A la caída de la noche, Passepartout regresó a la ciudad indígena y vagó por las calles, iluminadas con linternas multicolores. Contempló a grupos de juglares ejecutar sus maravillosos ejercicios y a los astrólogos que, al aire libre, distraían a la multitud con sus telescopios. Después volvió al puerto, esmaltado por las luces de los pescadores, que atraían el pescado a la luz de resinas encendidas. Finalmente, las calles se vaciaron de gente. A la multitud sucedieron las rondas de **yakuninos**. Estos oficiales, con sus magníficas vestiduras y su séquito, parecían embajadores. Cada vez que Passepartout encontraba una de aquellas brillantes patrullas, se repetía jocosamente: —"¡Vaya! ¡Otra embajada que sale para Europa!"

# XXIII

## *En el que la nariz de Passepartout se alarga desmesuradamente*

Al día siguiente, Passepartout derrengado y hambriento, se dijo que era preciso comer a toda costa, y cuanto antes mejor. Tenía el recurso de vender el reloj, pero antes que hacer tal cosa prefería morirse de hambre. Había llegado el momento para el buen muchacho, de utilizar la voz sonora, si no melodiosa, con que la naturaleza lo había dotado.

Como sabía algunas canciones francesas e inglesas, decidió probar suerte. Los japoneses eran seguramente aficionados a la música, puesto que todo lo hacen al son de címbalos, batintines y tambores, y no podían dejar de apreciar el talento de un virtuoso europeo.

Pero tal vez era aún temprano para organizar un concierto, y los **dile-ttanti**, bruscamente despertados, quizás no habrían pagado al cantor en monedas con la efigie del Mikado.

Passepartout decidió esperar algunas horas; pero, mientras caminaba, se hizo la reflexión de que quizás iba demasiado bien vestido para que lo tomasen por un artista ambulante, y se le ocurrió la idea de cambiar su traje por otro más raído. Dicho cambio, por otra parte, le procuraría algún dinero, que podría destinar inmediatamente a satisfacer su apetito.

Una vez tomada aquella resolución sólo faltaba ponerla en práctica. Tras una larga búsqueda, Passepartout descubrió un prendero indígena, a quien expuso sus intenciones. El traje europeo gustó al mercader, y poco después Passepartout salía de la tienda luciendo una vieja túnica japonesa y tocado con una especie de extraño turbante, descolorido por el sol y la lluvia. Pero, en compensación, algunas monedas de plata tintineaban en sus bolsillos.

"¡Bien! —pensó—. Me imaginaré que estamos en carnaval".

Lo primero que Passepartout hizo, "japonizado" de aquella guisa, fue entrar en una casa de té de modesto aspecto, donde, con un desperdicio de ave y algunos puñados de arroz, desayunó como un hombre para quien la comida sería un problema a resolver más tarde.

"Ahora —pensó, después de haber comido— se trata de no perder la cabeza. Ya no me queda el recurso de cambiar estos harapos por otros todavía más japoneses. Es preciso, pues, encontrar la manera más rápida de salir de este país del Sol, del que conservaré un lamentable recuerdo".

Passepartout pensó entonces visitar los paquebotes listos a zarpar para América. Contaba ofrecerse en calidad de cocinero o de criado, pidiendo por toda retribución el pasaje y la alimentación. Una vez en San Francisco, ya saldría de apuros. Lo importante era atravesar aquellas cuatro mil setecientas millas del Pacífico que se extienden entre el Japón y el Nuevo Mundo.

Passepartout no era hombre para dormirse en una idea. Así, pues, se dirigió hacia el puerto de Yokohama; pero a medida que se acercaba a los muelles, su proyecto, que le había parecido muy sencillo de realizar, ahora lo consideraba como fantástico. ¿Por qué tendrían necesidad de un cocinero o de un criado a bordo de un paquebote norteamericano, y qué confianza podría inspirar, vestido de aquella manera? ¿Qué recomendaciones podría dar? ¿Qué referencias indicaría?

Sumido en estas reflexiones, su mirada fue a posarse en un enorme cartel que una especie de payaso paseaba por las calles de Yokohama. Aquel cartel decía, en ingles:

COMPAÑIA JAPONESA ACROBATICA

DEL

HONORABLE WILLIAM BATULCAR

ULTIMAS PRESENTACIONES

antes de la salida para los Estados Unidos de América

de los

¡NARIGUDOS! ¡NARIGUDOS!

bajo la advocación directa del dios Tingu

¡GRAN ATRACCION!

"¡Los Estado Unidos de América! —exclamó para sí Passepartout—. He aquí precisamente lo que me interesa..."

Siguió al hombre-anuncio y, poco después penetraba en la ciudad japonesa. Un cuarto de hora más tarde se detenía ante un basto barrancón adornado con vistosas banderolas y cuyas paredes exteriores representaban, sin perspectiva, pero en colores chillones, toda una banda de titiriteros.

Era el establecimiento del honorable Batulcar, especie de Barnum norteamericano, director de una compañía de saltimbanquis, titiriteros, payasos acróbatas, equilibristas y gimnastas que, según el cartel, daban sus últimas representaciones antes de salir del Imperio del Sol para dirigirse a los Estados Unidos.

Passepartout entró en un peristilo que precedía al barracón y preguntó por el señor Batulcar, que se presentó enseguida.

—¿Qué desea usted? —preguntó a Passepartout, tomándolo por un indígena.

—¿Necesita usted un criado? —contestó nuestro muchacho.

—¡Un criado! —exclamó el Barnum, acariciándose la espesa barbilla que le ocultaba el mentón—. Tengo dos, obedientes, fieles, que no me han abandonado nunca y me sirven sin cobrar nada, a condición de que los alimente... Helos aquí —añadió, mostrando sus dos robustos brazos, surcados de venas gruesas como cuerdas de contrabajo.

—Así, ¿No puedo servirle en nada?

—En nada.

—¡Diablos! me hubiera convenido mucho partir con usted.

—¡Ah! —exclamó el honorable Batulcar—. Veo que es usted tan japonés como yo mono. Entonces, ¿por qué va vestido de esta manera?

—Uno se viste como puede.

—Es verdad. ¿Es usted francés?

—Sí, de París.

—Entonces, usted debe saber hacer payasadas...

—A fe mía —contestó Passepartout, herido en su orgullo nacional—, nosotros, los franceses, sabemos hacer payasadas, aunque no tan bien como los norteamericanos.

—Exactamente. Pues bien, si no puedo tomarlo como criado, lo tomaré como payaso, ¿comprende usted? En Francia se exhiben bufones extranjeros, y en el extranjero bufones franceses.

—Por otra parte, ¿es usted un hombre fuerte?

—¡Ah!

—Sobre todo cuando me levanto de la mesa.

—¿Y sabe usted cantar?

—Sí —dijo Passepartout, que en otro tiempo había cantado algunas veces en coros callejeros.

—Pero ¿sabe usted cantar con la cabeza para abajo, con un trompo girando en la planta del pie izquierdo y un sable en equilibrio sobre la del derecho.

—¡Pardiez! —contestó Passepartout, que se acordaba de los primeros ejercicios de su juventud.

—Le prevengo que el quid consiste en esto —precisó el honorable Batulcar.

El trato se cerró en el acto.

Por fin, Passepartout había encontrado un empleo. Había sido contratado para hacerlo todo en la célebre compañía japonesa. No tenía nada de halagador, pero antes de ocho días estaría camino de San Francisco.

La representación, anunciada ruidosamente por el honorable Batulcar, debía empezar a las tres, y pronto los formidables instrumentos de una orquesta japonesa, tambores y batintines, atronaban en la puerta. Ni qué decir tiene que Passepartout no había podido estudiar ningún papel, pero podía prestar el apoyo de sus sólidos hombros en el gran ejercicio del "racimo humano", ejecutado por los narigudos del gran dios Tingu. Esta gran atracción cerraba el programa.

Antes de las tres, los espectadores llenaban ya el barracón. Europeos e indígenas, chinos y japoneses, hombres, mujeres y niños se apiñaban en las estrechas banquetas y en los palcos situados delante de la escena. Los músicos habían vuelto al interior y la orquesta, completa -batintines, flautas, tambores y trompetas- tocaba furiosamente.

La representación fue semejante a todas las de esta clase. Pero hay que confesar que los japoneses son los mejores equilibristas del mundo. Uno de ellos, provisto de un abanico y pequeños pedazos de papel, ejecutaba el gracioso ejercicio de las mariposas y las flores; otro, con el perfumado humo de su pipa, trazaba rápidamente en el aire una serie de palabras azuladas, que formaban un saludo cortés al público; otro jugaba con velas encendidas, que apagaba sucesivamente, cuando pasaban a la altura de sus labios, y volvía a encender, una tras otra, sin interrumpir su prodigiosa exhibición; más allá, otro aún efectuaba, por medio de trompos giratorios, las más inverosímiles combinaciones. Bajo su mano, aquellos rugientes juguetes parecían animarse con vida propia en vertiginosa rotación: corrían por el caño de su pipa, sobre filos de sable y alambres, tendidos éstos de un lado a otro del escenario, daban la vuelta alrededor de grandes vasos de cristal, subían escaleras de bambú, se dispersaban en todas direcciones, produciendo armónicos efectos de un carácter especial al combinar sus diferentes tonalidades. Los malabaristas jugaban con ellos y les hacían dar vueltas en el aire; los lanzaban como volantes, con raquetas de madera, y continuaban girando; se los metían en los bolsillos, y cuando los sacaban , seguían girando, hasta que un resorte los hacía estallar en haces de fuegos artificiales.

Sería inútil tratar de describir todos los prodigiosos ejercicios de los acróbatas y de los gimnastas de la compañía. Los juegos de la escalera, de la percha, de la bola, de los toneles, etc; fueron ejecutados con una notable precisión. Pero la principal atracción de la velada era la exhibición de aquellos "narigudos", sorprendentes equilibristas no conocidos aún en Europa.

Aquellos "narigudos" formaban una corporación especial, puesta bajo la advocación directa del dios Tingu. Vestidos como héroes de la Edad Media, llevaban un espléndido par de alas en la espalda. Pero lo que especialmente los distinguía era aquella larga nariz aplicada al rostro, y sobre todo el uso que hacían de ella. Dichas narices no eran otra cosa que bambúes de cinco, seis y hasta diez pies de longitud, unos rectos, otros curvados, éstos lisos, aquéllos rugosos, y era sobre éstos apéndices, sólidamente fijados, donde se hacían todos los ejercicios de equilibrio. Una docena de aquellos sectarios del dios Tingu se tumbaron de espaldas, y sus compañeros se lanzaron sobre sus narices, levantadas como si fueran pararrayos, volteando de una a otra y ejecutando las más inverosímiles piruetas.

Para terminar, se había anunciado especialmente al público la pirámide humana, en la cual unos cincuenta narigudos debían representar el **Carro de Jaggernaut**. Pero en vez de formar esta pirámide utilizando los hombros como punto de apoyo, los artistas del honorable Batulcar habían de sostenerse utilizando sus narices. Como uno de ellos había abandonado la compañía, precisamente el que formaba la base del carro, Passepartout fue designado para sustituirlo.

Ciertamente, el pobre muchacho se sintió muy compungido cuando —vino a su mente el triste recuerdo de su juventud— se endosó su traje medieval, adornado con alas multicolores, y se le aplicó en la cara una nariz de seis pies de largo. Pero como aquella nariz era su pan, no le quedó más remedio que resignarse.

Passepartout entró en escena y fue a alinearse junto a sus compañeros que debían formar la base del **Carro Jaggernaut**. Se tendieron todos en el suelo con la nariz levantada hacia el cielo. Un segundo grupo de equilibristas se colocó sobre sus largos apéndices, un tercero encima, luego un cuarto y sobre aquellas narices, que sólo se tocaban por la punta, un monumento humano se levantó hasta el techo del teatro.

En los momentos en que redoblaban los aplausos y los instrumentos de la orquesta estallaban como truenos, la pirámide osciló, el equilibrio fue roto, uno de las narigudos de la base falló y todo el monumento se derrumbó como un juego de naipes.

Era culpa de Passepartout, quien, abandonando su lugar, saltó del escenario sin utilizar sus alas, trepó a la galería de la derecha y cayó a los pies de un espectador, exclamando:

—¡Mi amo! ¡Mi amo!

—¿Usted?

—¡Yo!

—Bien... En este caso, ¡al paquebote, muchacho!

Fogg, Aouda, que lo acompañaba, y Passepartout se precipitaron por los pasillos pero tropezaron con el honorable Batulcar quien, furioso, reclama daños y perjuicios por la "rotura". Phileas Fogg lo calmó con un puñado de billetes de banco. Y a las seis y media, en el momento en que iba a zarpar, Fogg y Aouda ponían los pies en el paquebote norteamericano, seguidos de Passepartout, con las alas a la espalda y, adherida al rostro aquella nariz de seis pies, que todavía no se había podido arrancar.

# XXIV

## Durante el cual
### se efectúa la travesía del Pacífico

Lo que había ocurrido a la vista de Shanghai, se comprenderá fácilmente. Las señales hechas por la **Tankadera** habían sido advertidas por el paquebote de Yokohama. El capitán, al ver una bandera a media asta, se dirigió hacia la pequeña goleta. Momentos después, Phileas Fogg, pagando su pasaje al precio convenido, metía en el bolsillo de John Bunsby quinientas cincuenta libras. Después, nuestro caballero, Aouda y Fix subieron a bordo del paquebote, que se dirigió inmediatamente rumbo a Nagasaki y Yokohama.

Llegado en la mañana del día 14 de noviembre, a la hora reglamentaria, Phileas Fogg, dejando a Fix ocupado en su asuntos, se había dirigido a bordo del **Carnatic,** donde le dijeron, con gran alegría de Aouda —y quizás suya también, pero no lo dejó entrever—, que el francés Passepartout había llegado, en efecto, la víspera a Yokohama.

Phileas Fogg, que debía partir aquella misma tarde para San Francisco, empezó al punto la búsqueda de su criado. Se dirigió, sin resultados, a los agentes consulares franceses e ingleses y, después de haber recorrido las calles de Yokohama, desesperaba ya de encontrar a Passepartout, cuando el azar, o quizás una especie de presentimiento, lo hizo entrar en el barrancón del honorable Batulcar. Ciertamente, no había reconocido a su criado bajo el excéntrico atavío de heraldo; pero Passepartout, cabeza abajo, reconoció a su amo en la galería. Al verlo, no pudo reprimir un movimiento de su

nariz, lo que motivó que se rompiera el equilibrio con las consecuencias subsiguientes.

Esto es lo que Passepartout supo de labios de Aouda, que le
contó luego cómo habían efectuado la travesía de Hong-Kong a Yokohama, en compañía de un tal Fix, en la goleta **Tankadera.**

Al oir el nombre de Fix, Passepartout no pestañeó. Pensó que el
momento no era propicio para informar a su amo acerca de lo que
había pasado entre el inspector de policía y él. Así, en la historia de
Passepartout hizo de sus aventuras, se acusó a sí mismo de haber
sido sorprendido por la embriaguez del opio en un fumadero de
Hong-Kong.

Fogg escuchó fríamente y en silencio su relato; luego abrió a su
criado un crédito suficiente para que pudiera procurarse a bordo
vestidos más convenientes. Y, en efecto, antes de una hora el buen
muchacho, tras haberse cortado la nariz y cercenado sus alas, en
nada recordaba al sectario del dios Tingu.

El paquebote que efectuaba la travesía de Yokohama a San
Francisco pertenecía a la compañía del **Pacific Mail Steam** y llevaba el nombre de **General Grant.** Era un gran buque de ruedas, de
dos mil quinientas toneladas, bien acondicionado y que desarrollaba una considerable velocidad.

Un enorme balancín se elevada y descendía sucesivamente por
encima del puente; en uno de sus extremos se articulaba el eje de
un pistón, y en el otro el de una biela que, trasformando el movimiento rectilíneo en circular, se aplicaba directamente al eje de las
ruedas. El **General Grant** estaba aparejado como una goleta de tres
mástiles y poseía una gran superficie de velamen, que ayudaba po-
derosamente al vapor. Con sus doce millas por hora, el paquebote
no debía emplear más de veintiún días en atravesar el Pacífico. Phileas Fogg podía, pues, contar que el día 2 de diciembre estaría en
San Francisco, podría hallarse en Nueva York el 11 y en Londres el
20, ganando así unas horas a la fecha fatal del 11 de diciembre.

Los pasajeros eran bastante numerosos a bordo del paquebote.
Había ingleses, muchos norteamericanos, una verdadera emigra-
ción de culíes para los Estados Unidos y cierto número de oficiales
de la India, que utilizaban su permiso para dar la vuelta al mundo.

Durante la travesía no se produjo ningún incidente de navegación. El paquebote, sostenido por sus anchas ruedas y apoyado por

su gran velamen, cabeceaba poco. El Océano Pacífico justificaba bastante su nombre. Fogg continuaba tan imperturbable, tan poco comunicativo como de costumbre. Su joven compañera sentíase cada vez más ligada a aquel hombre por lazos distintos a los del agradecimiento. Aquella naturaleza callada, tan generosa, la impresionaba más de lo que creía y, casi sin advertirlo, se dejaba llevar por sentimientos que, al parecer, no causaban ninguna impresión en el enigmático Fogg.

Por otra parte, Aouda se interesaba en gran manera por los proyectos del caballero. Se inquietaba por las contrariedades que podían comprometer el éxito del viaje. Conversaba a menudo con Passepartout, quien no dejaba de leer en el corazón de Aouda. Nuestro honrado muchacho tenía depositada en su amo una fe de carbonario; no agotaba los elogios a la honradez, a la generosidad, al desinterés de Phileas Fogg. Además tranquilizaba a Aouda respecto al éxito de la empresa, repitiendo que lo más difícil ya había pasado, que ya había salido de los fantásticos países de China y del Japón, que se dirigían a países civilizados y que, en fin, un tren de San Francisco a Nueva York, y un trasatlántico de Nueva York a Londres, bastarían, sin duda, para dar fin alrededor del mundo en el plazo convenido.

Nueve días después de haber zarpado de Yokohama, Phileas Fogg había recorrido exactamente la mitad del globo terrestre.

En efecto, el **General Grant** pasaba, el 23 de noviembre por el meridiano 180, sobre el que se encuentran, en el hemisferio austral, los antípodas de Londres. De los ochenta días de que disponía, Fogg había realmente utilizado cincuenta y dos, y por lo tanto, le quedaban solamente veintiocho. Pero hay que añadir que si bien se encontraba a medio camino, según la diferencia del meridiano, había en realidad cubierto más de los dos tercios del recorrido total. En efecto, ¡cuántos forzados rodeos de Londres a Aden, de Aden a Bombay, de Calcuta a Singapur, de Singapur a Yokohama! Si hubiese seguido circularmente el paralelo 50, que es el de Londres, la distancia sólo habría sido de unas doce mil millas, mientras que Fogg se veía obligado, a causa de los caprichos de los medios de locomoción, a recorrer veintiséis mil, de los cuales había cubierto, aproximadamente, hasta el 23 de noviembre, diecisiete mil quinientas. Pero ahora el camino era recto y Fix no estaba allí para acumular obstáculos.

Aconteció también que en aquel 23 de noviembre Passepartout experimentó una gran alegría. Se recordará que el empecinado muchacho se había obstinado en mantener la hora de Londres en su famoso reloj de familia, porque tenía por falsas todas las horas de los países que atravesaba. Pues bien, aquel día, a pesar de que no lo había adelantado ni atrasado en ninguna ocasión, su reloj marcaba la hora de acuerdo con el cronómetro de a bordo.

Se comprende perfectamente que Passepartout triunfase en esto. Y hubiera querido saber la opinión de Fix, de haber éste estado presente.

—Este bribón, que me contaba un montón de historias sobre los meridianos, el sol y la luna... —repetía Passepartout—. Si le hiciera caso, ¡cómo andaría la fabricación de relojes! Yo tenía la seguridad de que, más tarde o más temprano, el sol se dedicaría a ponerse de acuerdo con mi reloj...

Passepartout ignoraba que si la esfera de su reloj hubiese estado dividida en veinticuatro horas como los relojes italianos, no hubiera tenido ocasión de considerarse triunfante, porque las agujas de su instrumento hubieran indicado las nueve de la noche, cuando en realidad eran las nueve de la mañana a bordo, es decir, precisamente la misma diferencia que existe entre Londres y el meridiano 180.

Pero si Fix hubiese sido capaz de explicar este efecto puramente físico, Passepartout, sin ninguna duda, hubiera sido incapaz, si no de entenderlo, por lo menos de aceptarlo. Y, en todo caso, si, por azar, el inspector de policía se hubiese presentado inopinadamente a bordo, lo más probable es que Passepartout, lleno de rencor, y con razón, hubiera tratado con él de temas diferentes y de distinta manera.

Por otra parte, ¿dónde se encontraría Fix en aquellos momentos?

Pues precisamente a bordo del **General Grant.**

Efectivamente, al llegar a Yokohama, el detective, después de dejar a Fogg a quien esperaba volver a encontrar durante el día, se había dirigido inmediatamente a visitar al cónsul inglés. Allí había encontrado, por fin, la orden arresto que, siguiéndole desde Bombay, estaba fechada cuarenta días atrás y le había sido mandada desde Hong-Kong por el mismo **Carnatic,** a bordo del cual se le suponía. ¡Fácil será imaginarnos la contrariedad que experimentó! ¡La orden resultaba inútil! ¡Fogg había abandonado las posesiones inglesas! Ahora era necesario un acto de extradición para detenerlo!.

"¡Bien —se dijo Fix, tras el primer momento de cólera—. Mi orden de detención no sirve aquí, pero servirá en Inglaterra. Este bribón lleva trazas de querer regresar a su patria, en la creencia de que ha despistado a la policía. ¡Está bien! Lo seguiré hasta allá. En cuanto al dinero, quiera Dios que le quede algo! pero en viajes, primas, proceso, mulas, elefantes, gastos de todas clases, ese hombre ha dejado ya por el camino más de cinco mil libras. Después de todo, el Banco es rico".

Una vez tomada su decisión, embarcóse en el **General Grant**. Cuando Fogg y Aouda llegaron, se encontraba ya a bordo. Sumamente sorprendido, reconoció a Passepartout bajo su atavío de heraldo. Se escondió inmediatamente en su camarote, a fin de evitar una explicación que podía echarlo a perder todo, y, gracias al número de pasajeros, esperaba pasar inadvertido de su enemigo, cuando, precisamente aquel día, se topó con él en la proa de navío.

Passepartout, sin más explicaciones, se agarró a la garganta de Fix y, con gran placer de algunos norteamericanos que apostaron en seguida por él; administró al desgraciado inspector una soberana paliza, que demostró la gran superioridad del boxeo francés sobre el inglés.

Al terminar, Passepartout se sintió más tranquilo y como aliviado de un gran peso. Fix se levantó en un estado bastante lamentable y, mirando a su adversario, le dijo:

—¿Ha terminado?

—Por ahora, sí.

—Entonces, hablemos.

—Es que yo...

—En interés de su amo.

Passepartout, como cautivado por aquella sangre fría, siguió al inspector de policía y ambos fueron a sentarse a proa.

Me ha aporreado usted de lo lindo —dijo Fix—. Está bien. Ya lo esperaba. Pero ahora, escúcheme. Hasta este momento he sido adversario de Fogg, pero ahora estoy dispuesto a ayudarlo.

—¡Por fin! —exclamó Passepartout—. ¿Lo considera usted un hombre honrado?.

—No —respondió fríamente Fix—. Sigo creyendo que es un bribón de siete suelas. ¡Chist! No se mueva usted y déjeme terminar. Mientras Fogg se ha encontrado en territorio inglés, he tenido interés en retenerlo, esperando la orden de detención. Lo he hecho todo para conseguirlo. Lancé contra él a los sacerdotes de Bombay, embriagué a usted en Hong-Kong, lo separé de su amo, le hice perder el buque en Yokohama...

Passepartout lo escuchaba con los puños cerrados.

—Ahora —prosiguió Fix—, Fogg parece tener intenciones de regresar a Inglaterra. Nada tengo que decir en contra de ello. Lo seguiré allí. Pero, desde ahora, procuraré apartar los obstáculos de su camino con el mismo interés con que hasta este momento he procurado acumularlos.

Como usted puede advertir, mi juego ha cambiado, porque así lo exige mi interés. Añadiré que su interés corre parejo con el mío, porque es solamente en Inglaterra donde usted sabrá si está al servicio de un criminal o de un hombre honrado.

Passepartout había escuchado con gran atención a Fix y se convenció de que éste había hablado con entera buena fe.

—¿Somos amigos? —preguntó Fix.

—¿Amigos, no —contestó Passepartout—. Aliados, sí, y a beneficio de inventario, porque, al menor asomo de traición, le retuerzo el cuello.

—De acuerdo —replicó tranquilamente Fix.

Once días después, el 3 de diciembre, el **General Grant** estaba en la bahía de la Puerta de Oro y arribaba a San Francisco.

Fogg no había ganado ni perdido ningún día.

# XXV

## En el que se da una breve reseña de la ciudad de San Francisco en un día de campaña electoral

Eran las siete de la mañana cuando Phileas Fogg, Aouda y Passepartout pisaron el continente americano, si puede llamarse así el muelle flotante donde desembarcaron. Estos muelles, que suben y bajan con la marea, facilitan la carga y descarga de los buques. A ellos atracan veleros de todas clases, buques de todas las nacionalidades y esos barcos de varios pisos que efectúan el servicio del río Sacramento y sus afluentes. Allí se amontonaron los productos de un comercio que se extienden hasta México, Perú, Chile, Brasil, Europa, Asia y todas las islas del Pacífico.

Passepartout, contento de tocar por fin tierra americana, creyó oportuno efectuar su desembarco ejecutando un peligroso salto, del más hermoso estilo; pero al caer sobre el muelle, cuyo suelo estaba carcomido, casi lo atravesó. Desconcertado por la forma como había "tomado pie" en el Nuevo Mundo, el honrado muchacho lanzó un formidable denuesto que hizo levantar el vuelo a una bandada de cuervos marinos y pelícanos, huéspedes habituales de aquellos muelles flotantes.

Fogg, inmediatamente después de haber desembarcado se informó de la hora de partida del primer tren para Nueva York. Salía a las seis de la tarde. Disponía, pues, de todo el día para visitar la capital californiana. Tomó un coche para él y para Aouda. Passepartout subió al pescante y se dirigieron, a tres dólares la carrera, hacia el Hotel Internacional.

Desde su elevado lugar, Passepartout observaba con curiosidad la gran ciudad norteamericana: calles anchas, casas bajas y bien alineadas, iglesias y templos de estilo gótico-sajón, depósitos y almacenes tan vastos como palacios, unos de madera, otros de ladrillos; por las calles, numerosos vehículos, ómnibus, carros, tranvías y, por las atestadas aceras, una multitud, no sólo de norteamericanos, sino también de chinos y de indios.

Passepartout estaba bastante sorprendido de lo que veía. Se había imaginado San Francisco como la ciudad legendaria de 1849, la ciudad de los bandidos, los incendiarios y los asesinos, que acudían a la conquista del oro, inmensa Babel de los desheredados, donde se jugaba el polvo de oro con un revólver en una mano y un cuchillo en la otra. Pero aquel "tiempo feliz" ya había pasado. San Francisco presentaba el aspecto de una gran ciudad de vigías, dominaba todo aquel conjunto de calles y avenidas que se cortaban en ángulo recto y entre las cuales se abrían plazas verdegueantes y luego, la ciudad china, que parecía haber sido importada del Celeste Imperio dentro de una caja de juguetes.

Ya no había sombreros de anchas alas, ni camisas encarnadas como las que llevaban los buscadores de oro, ni indios con plumas, sino sombreros de seda y trajes negros que llevaban un gran número de caballeros, presa de una actividad desenfrenada. Algunas calles, entre otras Montgomery Street —el Regent Street de Londres, el bulevar de los italianos de París y el Broadway de Nueva York—, estaban bordeadas de grandes tiendas que ofrecían en sus escaparates los productos del mundo entero.

Cuando Passepartout llegó al Hotel Internacional, le parecía no haber salido de Inglaterra.

La planta baja del hotel estaba ocupada por un inmenso bar, especie de buffet abierto gratis a todo transeúnte. Fiambres, sopa de ostras, galletas y queso eran servidos sin que el cliente tuviese que desatar su bolsa. Sólo era de pago la bebida, cerveza, oporto o jerez, si se le antojaba beber. Esto a Passepartout le pareció "muy norteamericano". El comedor del hotel era muy cómodo. Fogg y Aouda se instalaron en una mesa y fueron servidos abundantemente en platos liliputienses por negros como el carbón.

Después de comer, Fogg, acompañado de Aouda, salió del hotel y se dirigió al consulado inglés para hacer visar su pasaporte. En la acera encontró a su criado, quien le preguntó si antes de coger el tren del Pacífico no sería prudente comprar algunas docenas de carabinas Enfield o de revólveres Colt. Passepartout había oído hablar de indios sioux y pawnies que detenían los trenes como vulgares bandidos. Fogg contestó que era una precaución inútil, pero lo dejó en libertad de obrar a su gusto. Tras lo cual se dirigió a las oficinas consulares.

Phileas Fogg no había dado doscientos pasos, cuando "por la más singular de las casualidades", encontró a Fix. El inspector se mostró extraordinariamente sorprendido ¡Cómo! ¿Fogg y él habían hecho juntos la travesía del Pacífico y no se habían encontrado? Sea como fuere, Fix celebraba encontrar de nuevo al caballero a quien debía tanto, y, como sus negocios lo reclamaban en Europa, se sentiría encantado de proseguir su viaje en tan agradable compañía.

Fogg contestó que el honor sería para él, y Fix, que no quería perderlo de vista, le pidió permiso para visitar con él la curiosa ciudad de San Francisco, lo que le fue otorgado.

Así, pues, Aouda, Phileas Fogg y Fix empezaron a pasear por las calles. Pronto se encontraron en la de Montgomery, donde la afluencia del público era enorme. En las aceras, en medio de la calzada, sobre la vías del tranvía, a pesar de la incesante circulación de coches y de ómnibus, en la entrada de todas las tiendas, en las ventanas de todas las casas, y hasta sobre los tejados, se apretujaba la gente. Hombres-anuncios circulaban entre los grupos. Banderas y gallardetes ondeaban al viento. Por todas partes estallaban gritos.

—¡Viva Kamerfield!

—¡Viva Mandiboy!

Se celebra un mitin. Tal fue, al menos, lo que supuso Fix, y comunicó su idea a Fogg, añadiendo:

—Creo que lo mejor que podríamos hacer, señor, es no mezclarnos en esa barahúnda. Siempre nos exponemos a recibir algún porrazo.

Fix creyó conveniente sonreír al escuchar aquella observación. Así, con el fin de no ser arrollados por la multitud, Aouda, Fogg y Fix se instalaron en el rellano superior de una escalera que conducía a una terraza, situada a bastante altura sobre el nivel de la calle de Montgomery. Delante de ellos, al otro lado de la calle, entre una carbonería y el almacén de un comerciante de petróleo, se levantaba una gran plataforma hacia la cual convergían las diversas corrientes de la multitud.

Pero ¿por qué aquel mitin? ¿Con qué motivo se celebraba? ¿Se trataría tal vez de la elección de un alto funcionario militar o civil, de un gobernador de Estado o de un miembro del Congreso? Era natural conjeturarlo al ver la extraordinaria animación que reinaba en la ciudad.

En aquel momento la multitud se agitó. Todas las manos se levantaron. Algunas, firmemente cerradas, parecían elevarse y abatirse rápidamente en medio de los gritos, manera enérgica, sin duda, de emitir el voto. La muchedumbre se agitaba sin cesar. Las banderas oscilaban, desaparecían un instante para volver a aparecer convertidas en harapos. Las ondulaciones de la multitud se propagaban hasta la escalera, mientras que todas las cabezas se movían como las olas de un mar encrespado súbitamente por la brisa.

—Evidentemente, se trata de un mitin —dijo Fix—, y la cuestión que lo ha provocado debe ser palpitante. Nada tendría de extraño que fuese debido al asunto del Alabama, a pesar de que está resuelto.

—Es posible —respondió sencillamente Fogg.

—En todo caso —prosiguió Fogg—, dos campeones se enfrentan: el honorable Kamerfield y el honorable Mandiboy.

Aouda apoyada en el brazo de Fogg, contemplaba sorprendida aquella tumultuosa escena, y Fix iba a preguntar a uno de sus vecinos la razón de semejante efervescencia popular, cuando se produjo un movimiento más acusado que los anteriores. Los vítores, mezclados con maldiciones aumentaron. Las astas de las banderolas se convirtieron en armas ofensivas. Ya no había manos, sino solamente puños. De lo alto de los vehículos parados y de los ómnibus detenidos, se repartían porrazos a granel. Todo se utilizaba como proyectiles. Botas y zapatos describían en el aire trayectorias muy concretas e incluso pareció que algunos revólveres mezclaban sus nacionales detonaciones a la algarabía de la multitud.

La barahúnda llegó hasta los primeros escalones. Indudablemente, uno de los partidos había sido rechazado, sin que los simples espectadores pudieran saber si la ventaja era de Mandiboy o bien de Kamerfield.

Creo que sería prudente que nos marchásenos —dijo Fix, que no quería que "su hombre" recibiera algún golpe y se viese envuelto en un mal asunto—. Si en este asunto está mezclada Inglaterra y nos reconocen, nos veremos metidos en el jaleo.

—Un ciudadano inglés... —contestó Fogg.

Pero nuestro caballero no pudo terminar la frase. Detrás del él, en la terraza que se encontraba al final de la escalera, se levantó un espantoso griterío. Se gritaba: ¡Viva! ¡Viva Mandiboy! Se trataba de un grupo de electores, que llegaba de refuerzo y atacaba por el flanco a los partidarios de Kamerfield. Fogg, Aouda y Fix se encontraron entre dos fuegos. Era demasiado tarde para escabullirse. Aquel torrente de hombres, armados con bastones de puño de plomo y macanas, era irresistible. Phileas Fogg y Fix al tratar de proteger a la joven, fueron bárbaramente atropellados. Fogg, tan flemático como de costumbre, trató de defenderse con aquellas armas que la naturaleza ha puesto al extremo de los brazos de todo inglés, pero fue inútil. Un enorme mozo de barba roja y tez colorada, ancho de espaldas, que parecía ser el jefe de la banda, levantó su formidable puño contra Fogg, y hubiera averiado en gran manera a nuestro caballero, si Fix, por abnegación, no hubiese recibido el golpe en su lugar. Un enorme chichón se desarrolló inmediatamente bajo el sombrero del inspector, transformado en acordeón.

—¡Yanki! —dijo Fogg, lanzando a su adversario una mirada de profundo desprecio.

—¡Ingles! —contestó el otro.

—¡Nos volveremos a encontrar!

—Cuando le plazca. ¿Su nombre?

—Phileas Fogg. ¿Y el suyo?

—El coronel Stamp Proctor.

Dicho esto la marea pasó. Fix fue derribado y se levantó con el vestido hecho trizas, pero sin ninguna magulladura seria. Su paletó de viaje se había desgarrado en dos partes desiguales y su pantalón parecía uno de esos calzones que algunos indios se ponen —cosas de la moda— después de haberle quitado la parte posterior. Pero Aouda estaba sana y salva. Sólo Fix había recibido un puñetazo.

—Gracias —dijo Fogg al inspector cuando estuvieron lejos de la multitud.

—No hay de qué —contestó Fix—. Pero venga conmigo.

—¿A dónde?

—A una tienda de confecciones.

En efecto, se trataba de una visita indispensable. Los vestidos de Fogg y de Fix estaban hechos jirones, como si aquellos dos caballeros se hubiesen peleado por cuenta de los honorables Kamerfield y Mandiboy.

Una hora más tarde, los dos se hallaban convenientemente vestidos y regresaron al Hotel Internacional. Passepartout los esperaba allí, armado con media docena de revólveres-puñales de seis tiros y de fuego central. Al ver a Fix, su frente se arrugó, pero cuando Aouda le explicó en pocas palabras lo que había ocurrido Passepartout se tranquilizó. Evidentemente, Fix había dejado de ser un enemigo para convertirse en un aliado. Mantenía su palabra. Una vez terminada la comida, llegó el coche que debía conducir a los pasajeros y sus equipajes a la estación. En el momento de subir en el vehículo, Fogg dijo a Fix:

—¿Ha vuelto usted a ver al coronel Proctor?

—No —contestó Fix.

—Regresaré a los Estados Unidos para encontralo —dijo fríamente Fogg—. No sería conveniente que un ciudadano inglés se dejase tratar de esta manera.

El inspector sonrió, pero no hizo ningún comentario. Como puede advertirse, Fogg era de aquella raza de ingleses que, aunque no toleran el duelo en su país, se baten en el extranjero cuando se trata de defender su honor.

A las seis menos cuarto los viajeros llegaron a la estación, donde el tren estaba ya preparado para emprender la marcha. En el momento en que Fogg se disponía a subir al vagón, detuvo a un empleado y le dijo:

—Amigo mío, ¿sabe usted la causa de los desórdenes de hoy?

—Era un mitin, señor —contestó el empleado.

—Sin embargo, me ha parecido observar cierta animación en las calles.

—Se trataba simplemente de un mitin de propaganda electoral.

—¿La elección de un general en jefe? —preguntó Fogg.

—No, señor; de un juez de paz.

Tras oír esta respuesta, Fogg subió al vagón y el tren emprendió la marcha a todo vapor.

# XXVI

*En el cual se toma el expreso del Pacífico*

"De océano a océano", dicen los norteamericanos, y estas cuatro palabras deberían se la denominación general de la gran línea que atraviesa los Estados Unidos de América en su parte más ancha. Pero, en realidad, el **Pacific Rail-Road** se divide en dos partes distintas" el **Central Pacific**, entre San Francisco y Ogden, y el **Unión Pacific,** entre Ogden y Omaha, donde enlazan ocho líneas diferentes que ponen a esta última ciudad en comunicación frecuente con Nueva York.

Nueva York y San Francisco se encuentran, pues, unidas por una cinta de metal no interrumpida que mide nada menos tres mil setecientas ochenta y seis millas. Entre Omha y el Pacífico, el tren atraviesa una región frecuentada aún por los indios y las fieras, vasto territorio que fue empezado a colonizar por los mormones hacia 1845, después de ser expulsados de Illinois.

Otrora, en circunstancias favorables, se emplean seis meses para trasladarse de Nueva York a San Francisco. Ahora el viaje se efectúa en siete días.

En 1862, a pesar de la posición de los diputados del Sur que querían una línea más meridional, el trazado del ferrocarril se fijó entre los paralelos 41 y 42. El presidente Lincon, tan recordado, fijó personalmente, en el estado Nebraska, en la ciudad de Omaha, el principio de la nueva red. Los trabajos empezaron en seguida y fueron proseguidos con la clásica actividad norteamericana, que no está sujeta a papeleo burocrático. La rapidez de la mano de obra no perjudicó en nada a la seguridad del tendido. En la pradera se avanzaba a razón de milla y media por día. Una locomotora, marchando sobre los raíles de la víspera, llevaba los raíles del día siguiente y se deslizaba sobre los nuevos a medida que iban siendo tendidos.

El **pacific Rail-Road** tiene muchas ramificaciones a lo largo de su recorrido a través de los estados de Iowa, Kansas, Colorado y Oregon. Al salir de Omaha, bordea la orilla izquierda del río Platte hasta la desembocadura del brazo del norte, sigue luego la del sur, atraviesa las regiones de Laramie y las montañas Wahsatch, contornea el lago Salado, llega a Salt-Lake, capital de los mormones, se hunde en el valle de Tuilla, bordea el desierto norteamericano, los montes Cedar y Humboldt, la Sierra Nevada, y vuelve a descender por Sacramento hasta el Pacífico, sin que este trazado sobrepase en inclinación un desnivel de ciento doce pies por milla, ni siquiera al atravesar las Montañas Rocosas.

Esta era la larga arteria que los trenes recorrían en siete días y que permitiría a Fogg —por lo menos así lo esperaba él— tomar el paquebote de Liverpool, el día 11, en Nueva York.

El vagón ocupado por Phileas Fogg era una especie de largo ómnibus que descansaba sobre dos juegos de cuatro ruedas cada uno, cuya movilidad permite salvar curvas de pequeño radio. En el interior, nada de compartimentos: dos hileras de asientos, dispuesto perpendicularmente al eje, y entre ellas, un pasillo que conduce a los tocadores, que se encuentran en todos los vagones. A lo largo del tren, los vagones se comunicaban entre sí por pasarelas, de manera que los pasajeros podían circular de un extremo a otro del convoy, que ponía a su disposición un vagón restaurante, vagones salón, vagones bar y un vagón terraza. Sólo faltaba un vagón teatro. Pero ya lo habrá algún día.

Por la pasarelas circulaban incesantes vendedores de libros y periódicos, licores, comestibles y cigarros, a quienes no faltaban clientes.

A las seis de la tarde, los viajeros habían salido de la estación de Oakland. Había oscurecido ya. Era una noche negra y fría, con el cielo encapotado por unas nubes que amenazaban nieve. El tren no marchaba a gran velocidad. Teniendo en cuenta las paradas, no alcanzaba las veinte millas por hora, aunque esa velocidad debía permitirle atravesar los Estados Unidos en el tiempo reglamentario. Se hablaba poco en el vagón. Por otra parte, el sueño había hecho presa en los viajeros. Passepartout se encontraba instalado cerca del inspector de policía, pero no le dirigía la palabra. Después de los últimos acontecimientos, sus relaciones se habían enfriado notablemente. No más simpatía ni intimidad. Fix no había cambiado de manera de ser, pero Passepartout, por el contrario, se mantenía muy reservado, dispuesto, a la menor sospecha, a estrangular a su antiguo amigo.

Una hora después de la partida del tren, empezó a nevar. Era una nieve fina que no podía, afortunadamente, retrasar la marcha del tren. A través de las ventanillas sólo se veía una sabana blanca sobre la cual las volutas de vapor de la locomotora parecían grises.

A las ocho, un camarero entró en el vagón y anunció a los viajeros que había sonado la hora de dormir. Aquel vagón era un **sleeping-car** que, en pocos minutos, fue transformado en dormitorio. Los respaldos del los bancos se doblaron, se desplegaron unas colchonetas, que estaban cuidadosamente empaquetadas mediante un ingenioso sistema, en unos instantes se improvisaron unas cabinas y cada viajero tuvo pronto a su disposición un cómodo lecho, que espesas cortinas ocultaban de toda indiscreta mirada. Las sábanas eran blancas, las almohadas mullidas. No había más que acostarse y dormir, que fue lo que hicieron todos, como si se hallasen en el cómodo camarote de un buque, mientras el tren, a toda velocidad, atravesaba el estado de California.

La parte del territorio que se extiende entre San Francisco y Sacramento es poco accidentada. Aquel ramal de la línea, que tiene el nombre de **Central Pacific Road,** parte de Sacramento y avanza hacia el oeste al encuentro de la que sale de Omaha. De San Francisco a la capital de California la línea corría directamente hacia el nordeste, siguiendo el río Americano, que desemboca en la bahía de San Pablo. Las ciento veinte millas comprendidas entre las dos importantes ciudades fueron recorridas en seis horas; hacia media noche, cuando los viajeros dormían aún su primer sueño, llegaron a Sacramento. Así, pues, no vieron nada de esta importante ciudad, sede de la legislatura del estado de California, ni sus hermosos muelles, ni sus anchas calles, ni sus espléndidos hoteles, ni sus plazas, ni sus tiendas. Al salir de Sacramento, el tren, después de haber dejado atrás las estaciones de Junction, Roclin, Auburn y

Colfax, se adentró en el macizo de la Sierra Nevada. Eran las siete de la mañana cuando atravesaba la estación del Cisco. Una hora más tarde, el dormitorio se había convertido de nuevo en un vagón normal y los viajeros podían contemplar, a través de los cristales de las ventanillas el pintoresco paisaje de aquella montañosa región. El trazado obedecía a los accidentes de la sierra: ora se pegaba a las faldas de las montañas, suspendido sobre precipicios, evitando los ángulos violentos por medio de audaces curvas, ora se lanzaba por angostas gargantas que parecían sin salida. La locomotora, brillante como una urna, con su gran fanal que despedía fulgores rojizos, su campana plateada, su "caza-vacas" extendido como un espolón, mezclaba sus silbidos y sus rugidos a los fragores de los torrentes y cascadas y enroscaba su penacho de humo en el oscuro ramaje de los pinos.

En el recorrido, los puentes y túneles eran escasos. El tren seguía las laderas de las montañas sin buscar en la línea recta el camino más corto entre dos puntos ni violentar la Naturaleza.

A las nueve, a través del valle de Carson, el tren penetró en el Estado de Nevada, siguiendo siempre la dirección nordeste. Al mediodía dejaba Reno, donde los viajeros dispusieron de veinte minutos para almorzar.

Desde aquel punto, la vía férrea, bordeando el río Humbolt, se elevó durante algunas millas hacia el norte, siguiendo su curso. Después dobló hacia el este y no abandonó el curso del agua hasta llegar a los montes Humboldt, donde nace, casi en el confín oriental del Estado de Nevada.

Después de haber desayunado, Fogg, Aouda y sus compañeros ocuparon de nuevo sus sillas. Phileas Fogg, la joven, Fix y Passepartout, cómodamente instalados, contemplaban el variado paisaje que desfilaba ante sus ojos; extensas praderas, montañas perfilándose en el horizonte, torrentes de espumeantes aguas. A veces, un gran rebaño de bisontes se divisaba a lo lejos, semejante a un dique móvil.

Aquellos innumerables ejércitos de rumiantes ofrecen a menudo un insuperable obstáculo al paso de los trenes. Se ha visto a millares de aquellos animales desfilar durante horas en apretadas filas, a través de la línea férrea. En tal caso, la locomotora debe parar y esperar que la vía quede nuevamente libre.

Esto fue lo que sucedió en aquella ocasión. Hacia las tres de la tarde, un rebaño de diez o doce mil cabezas interceptó la vía. La máquina, después de haber moderado su velocidad, trató de introducir un espolón en el flanco de la inmensa columna, pero tuvo que detenerse delante de la impenetrable masa.

Aquellos rumiantes -búfalos, como los llaman impropiamente los norteamericanos- andaban con paso tranquilo, lanzando formidables mugidos. Tenían una alzada superior a la de los toros de España, las piernas y la cola cortas, un saliente morrillo que forma una giba muscular, los cuernos separados en la base, y en la cabeza, el cuello y los hombros cubiertos de largo pelo. No era posible pensar detener aquella migración. Cuando los bisontes han tomado una dirección, nada puede modificar o impedir su marcha. Esto es como un torrente de carne viva que ningún dique podría contener.

Los viajeros dispersos en las pasarelas, contemplaban el curioso espectáculo. Pero el que hubiera tenido que estar más nervioso de todos, Phileas Fogg, permanecía en su sitio y esperaba filosóficamente que pluguiese a los bisontes dejar libre el paso. Passepartout estaba furioso por el retraso que causaba aquella aglomeración de animales. Hubiera querido descargar contra ellos su arsenal de revólveres.

—¡Qué país! —exclamaba—. Unos simples bueyes pueden detener un tren y se pasean procesionalmente, sin ninguna prisa, como si no interrumpiesen la circulación. ¡Pardiez! Me gustaría saber si mi amo tenía previsto en su itinerario. ¡Y este maquinista que no se atreve a lanzar su locomotora a través de este embarazoso rebaño!

El maquinista ni siquiera había intentado lanzarse contra el obstáculo, y había obrado con prudencia. Sin duda, hubiera aplastado a los primeros búfalos con el espolón de la locomotora, pero, por potente que fuera, la máquina hubiera sido detenida, se hubiera producido un descarrilamiento y el tren habría sufrido una indefinida detención.

Lo mejor era esperar pacientemente, dispuestos a ganar el tiempo perdido acelerando la marcha del tren. El desfile de los bisontes duró más de tres horas; la vía no quedó expedita hasta la caída de la noche. En aquellos momentos, las últimas hileras del rebaño se perdían en el horizonte.

Eran ya las ocho cuando el tren franqueó los desfiladeros de los montes Humboldt, y eran las nueve y media cuando penetró en el territorio de Utah, la región del Gran Lago Sagrado, el curioso país de los mormones.

## XXVII

*En el que Passepartout sigue, a una velocidad
de veinte millas por hora,
un curso de historia mormona*

Durante la noche del 5 al 6 de diciembre, el tren cubrió hacia el sudeste una distancia de cincuenta millas; luego remontó otro tanto hacia el nordeste, aproximadamente al Gran Lago Salado.

Hacia las nueve de la mañana, Passepartout estaba tomando el aire en la pasarela. El tiempo era frío y el cielo estaba gris, pero no nevaba. El disco del sol, agrandado por la bruma, parecía una enorme moneda de oro, y Passepartout se ocupaba en calcular su valor en libras esterlinas, cuando fue distraído de tan útil trabajo por la aparición de un personaje bastante extraño.

Dicho personaje, que había tomado el tren en la estación de Elko, era un hombre alto, de tez muy morena, negros bigotes, medias negras, sombrero negro, chaleco negro, pantalón negro, corbata blanca y guantes de piel de perro. Parecía un eclesiástico. Iba de un extremo a otro del tren y, sobre la puerta de cada vagón, pegaba con obleas una nota escrita a mano.

Passepartout se acercó y leyó en una de las notas que el honorable "elder" William Hitch, misionero mormón, aprovechando su presencia en el tren número 48, daría, de once a doce, en el vagón 117, una conferencia sobre mormonismo, e invitaba a oírla a todos los caballeros deseosos de instruirse en los misterios de la religión de los "Santos de los últimos días".

Passepartout, que no conocía de los mormones más que la cuestión de la poligamia, base de la sociedad mormona, se prometió asistir.

La noticia se propagó rápidamente por el tren, que llevaba bastantes viajeros. Unos treinta de éstos, atraídos por el incentivo de la conferencia, ocupaban, a las once, los bancos del vagón número 117. Passepartout figuraba entre los fieles de la primera fila. Ni su amo ni Fix habían creído oportuno molestar.

A la hora mencionada, el honorable William Hitch se levantó y, con voz irritada, como si alguien lo hubiese contradecido por anticipado, gritó:

—¡Yo os dijo que Joe Smith es un mártir, que su hermano Hyram es un mártir y que las persecuciones del Gobierno de la Unión contra los profetas harán igualmente un mártir de Brigham Young! ¿Quién se atreve a sostener lo contrario?

Nadie se atrevió a contradecir al misionero, cuya exaltación contrastaba con su plácido rostro. Pero, sin duda, su cólera se explicaba por el hecho de que el mormonismo se encontraba a la sazón sometido a duras pruebas. En efecto, el Gobierno de los Estados Unidos acababa de reducir, no sin trabajo, a aquellos fanáticos independientes. Había ocupado el territorio de Utah y lo había sometido a las leyes de la Unión, después de haber encarcelado a Brigham Young, acusado de rebelión y de poligamia. Desde entonces, los discípulos del profeta redoblaban sus esfuerzos y, esperando pasar a la acción, resistían de palabra a las pretensiones del Congreso.

Como hemos visto, el misionero William Hitch hacía proselitismo hasta en los trenes.

Empezó a explicar, acompañando su relato con estallidos de voz y violentos ademanes, la historia del mormonismo desde los tiempos bíblicos: "Cómo, en Israel, un profeta mormón de la tribu de José publicó los anales de la nueva religión y los legó a su hijo Morom; cómo, muchos siglos más tarde, una traducción de aquel precioso libro, compuesto en caracteres egipcios, fue hecha por Joseph Smyth hijo, granjero del estado de Vermont, quien se reveló profeta místico en 1825; y cómo, por fin, un mensajero celestial se le apareció en un bosque luminoso y le entregó los anales del Señor".

En aquel momento algunos oyentes, poco interesados en el relato retrospectivo, abandonaron el vagón; pero William Hitch, prosiguiendo, explicó cómo Smyth hijo, reuniendo a su padre, a sus hermanos y algunos discípulos, fundó la religión de los santos de los últimos días —religión que fue adoptada no solamente en los Estados Unidos, sino en Inglaterra, en Escandinavia, en Alemania y cuenta entre sus fieles a artesanos e incluso gente de profesiones liberales—; cómo fue fundada una colonia de Ohio: cómo fue construido un templo que costó doscientos mil dólares y se edificó una ciudad de Kirkland; cómo Smyth se convirtió en hábil banquero y recibió en un simple exhibidor de momias un papiro que contenía un relato escrito de manos de Abraham y otros célebres egipcios.

Como esta narración se hacía poco larga, las filas del auditorio se aclararon más y el público quedó reducido a unas veinte personas.

Pero el misionero, sin inquietarse por aquella deserción, explicó con todo lujo de detalles cómo Joe Smyth quebró en 1837; cómo sus acreedores arruinados lo embadurnaron de alquitrán y lo hicieron rodar sobre plumas; cómo reapareció, años más tarde, más honorable y honrado que nunca, en Independence, en el estado de Missouri, jefe de una próspera comunidad que contaba con más de tres mil discípulos, y cómo entonces, perseguido por el odio de los gentiles, tuvo que huir hacia el Lejano Oeste norteamericano.

Todavía quedaban diez oyentes, entre los cuales se contaba nuestro buen Passepartout, que escuchaba con gran atención. Así pudo saber "cómo, después de largas persecuciones, Smyth reapareció en Illinois y, en 1839, fundó, a orillas del Misisipi, Nauvoo-Bella, cuya población se elevó pronto a veinticinco mil habitantes; cómo Smyth se convirtió en alcalde, juez supremo y general en jefe; cómo en 1843, se presentó candidato a la presidencia de los Estados Unidos, y cómo, por fin, al caer en una emboscada, en Cartago, fue asesinado por una banda de hombres enmascarados".

En aquel momento, Passepartout se encontraba completamente solo en el vagón, y el misionero, mirándolo fijamente, fascinándolo con sus palabras, le recordó que, dos años después del asesinato de Smyth, su sucesor, el inspirado profeta Brigham Young, abandonó Nauvoo y establecióse a orillas del Lago Salado, y que allí en aquel fértil territorio, en el camino de los emigrantes que atravesaban la

Unión para ir a California, la nueva colonia, gracias a los principios de poligamia del mormonismo, tomó una enorme extensión.

—Y he aquí por qué —añadió William Hitch— la envidia del Congreso se manifiesta contra nosotros, por qué nuestro jefe profeta Brigham Young ha sido encarcelado, con manifiesta injusticia, y por qué los soldados de la Unión han hollado el suelo de Utah. ¿Cederemos a la fuerza? ¡Jamás! Expulsados de Vermont, expulsados de Illinois, expulsados de Ohio, expulsados de Missouri, expulsados de Utah, nos será posible aún hallar algún territorio independiente donde poder plantar nuestra tienda... Y usted, hermano mío —añadió el misionero, clavando su colérica mirada en su único oyente—, ¿plantará la suya bajo la sombra de nuestra bandera?

—No, —respondió valientemente Passepartout, que desapareció a su vez, dejando al energúmeno predicador en el desierto.

Durante la conferencia, el tren había avanzado rápidamente, y hacia las doce y media llegaba a la punta noroeste del Gran Lago Salado. Desde allí podía verse aquel mar interior que lleva el nombre de Mar Muerto, y en el que desemboca un Jordán norteamericano. Admirable lago, encuadrado de grandes rocas, agrestes y pintorescas, incrustadas de sal blanca; magnífica sabana de agua que en otro tiempo cubría una extensión más considerable, pero que, al correr de los siglos, sus bordes, emergiendo poco a poco, han reducido su superficie y aumentando su profundidad.

El Lago Salado que tienen una longitud de setenta millas, por una anchura de treinta y cinco está situado a tres mil ochocientos pies sobre el nivel del mar. Muy diferente del lago Alfaltite, cuya cuenca se halla a mil doscientos pies bajo el nivel marino, su salinidad es considerable y sus aguas llevan en disolución una cuarta parte de su peso de materia sólida. Su peso específico es de 1.170, cuando el del agua destilada es de 1.000, cosa que explica que los peces no pueden vivir en él. Los que arrojan el Jordán, el Weber y algún torrente, perecen pronto; pero no es cierto que la densidad de sus aguas sea tal que el hombre no pueda sumergirse en él. Alrededor del lago, el campo está admirablemente cultivado, pues los mormones son muy entendidos en agricultura, ranchos y corrales para animales domésticos, campos de trigo, de maíz, de sorgo, feraces praderas, por todas partes setos de rosales silvestres, bosqueci-

llos de acacias y euforbios, tal hubiera sido el aspecto de la región
seis meses más tarde; pero a la sazón el suelo aparecía cubierto por
una delgada capa de nieve que los blanqueaba ligeramente.

A las dos, los viajeros se apeaban en la estación de Ogden. Como el tren no volvía a partir sino hasta las seis, Fogg, Aouda y sus
dos compañeros disponían de tiempo para dirigirse a la Ciudad de
los Santos por un pequeño ramal que empieza en la estación de Ogden. Dos horas bastaban para visitar aquella ciudad absolutamente
norteamericana y, como tal, edificada siguiendo el patrón de todas
la ciudades de los Estados Unidos; vastos tableros de largas líneas
rectas, con la "lúgubre tristeza de los ángulos rectos", según frase
de Víctor Hugo. El fundador de la Ciudad de los Santos no podía
escapar al deseo de simetría que distingue a los anglosajones. En
aquel singular país, donde los hombres no están ciertamente a la altura de las instituciones, todo se hace "a escuadra": las ciudades, las
casas y las tonterías.

A las tres, los viajeros se paseaban ya por las calles de la ciudad,
edificada entre la ribera del Jordán y las primeras estribaciones de
los montes Wahsatch. Advirtieron pocas iglesias, pero, como monumentos, cabía destacar la casa del profeta, el Palacio de Justicia y
el Arsenal. Por lo demás las casas eran de ladrillos azulados, con
miradores y galerías, rodeadas de jardines bordeados de acacias,
palmeras y algarrobos. Un muro de cal y canto, construido en 1853,
ceñía la ciudad. En la calle principal donde se instalaba el mercado,
se levantaban algunos hoteles adornados con banderolas, entre
ellos el Lake-Salt House.

Fogg y sus compañeros no encontraron la ciudad muy habitada.
Las calles estaban casi desiertas, excepto la parte del Templo, que
no alcanzaron sino hasta después de haber atravesado algunos barrios rodeados de empalizadas. Las mujeres eran bastante numerosas, lo que explica por la especial composición de los hogares
mormones. Sin embargo, no hay que creer que todos los mormones
son polígamos. Hay libertad, pero será interesante observar que
son las ciudadanas de Utah las que tienen interés en casarse, puesto
que, según la religión del país, el cielo mormón no admite al goce
de sus beatitudes a las solteras. Aquellas pobres criaturas no parecían contentas ni felices. Algunas de ellas, las más ricas sin duda,
llevaban una chaqueta de seda negra, abierta a la altura del talle,

bajo una capucha y un chal muy sencillo, las otras iban vestidas de indiana.

Passepartout en la calidad de soltero empedernido, miraba con cierta aprensión aquellas mormonas encargadas de hacer, varias a la vez, la felicidad de un solo mormón. El buen muchacho, en su cordura, sentía sobre todo lástima por el marido. Le parecía terrible tener que guiar a tantas mujeres a la vez a través de las vicisitudes de la vida, conducirlas en tropel hasta el paraíso mormón, con la perspectiva de volverlas a encontrar para toda la eternidad en compañía del glorioso Smyth, que debía ser el adorno de aquel lugar de delicias. Decididamente, no sentía vocación para ello, y le parecía —tal vez equivocadamente— que las ciudadanas del Gran Lago Salado lanzaban sobre su persona miradas un poco inquietas.

Por fortuna, su estancia en la Ciudad de los Santos no debía prolongarse. Algunos minutos antes de las cuatro, los viajeros volvían a encontrarse en la estación y ocupaban de nuevo sus lugares en el vagón.

Se oyó el silbato, pero en el momento en que las ruedas motrices de la locomotora patinando sobre los raíles, empezaban a imprimir velocidad al tren, sonaron unos gritos:

—¡Alto! ¡Alto !

Un tren en marcha no se detiene. El caballero que profería aquellos gritos era evidentemente un mormón retrasado. Corría hasta perder el aliento. Felizmente para él, en la estación no habían puertas ni barreras. Se lanzó, pues, hacia la vía, saltó al estribo del último vagón y cayó sofocado, sobre uno de los bancos del vagón.

Passepartout, que había seguido con emoción los incidentes de aquella gimnasia, se acercó a contemplar al rezagado, por quien se interesó vivamente al saber que aquel ciudadano de Utah había huido tras una disputa conyugal.

Cuando el mormón recobró el resuello, Passepartout se atrevió a preguntarle cortésmente cuántas mujeres tenía para él solo, ya que, por la manera como había tomado las de Villadiego, por lo menos le calculaba una veintena.

—¡Una, señor! —contestó el mormón, levantando los brazos al cielo—. ¡Y es bastante!

# XXVIII

## En el que Passepartout no logra que se oiga el lenguaje de la razón

El tren, al partir del gran Lago Salado y de la estación de Ogden, subió durante una hora hacia el norte, hasta el río Weber, después de franquear cerca de novecientas millas desde San Francisco. A partir de allí, tomó de nuevo la dirección este a través del accidentado macizo de los montes Wahsatch. Es en esta parte del territorio, entre los mencionados montes y montañas rocosas propiamente dichas, donde los ingenieros norteamericanos han tenido que vencer los más serios obstáculos. Así, pues, en este recorrido la subvención del Gobierno de la Unión se ha levantado a cuarenta y ocho mil dólares por milla, mientras que es de sólo dieciséis mil en la llanura. Pero los ingenieros, como ya se ha dicho, en vez de violencia a la naturaleza han cubileteado con ella, zafándose de las dificultades, y para llegar a la gran cuenca sólo han practicado en todo el recorrido un túnel de catorce mil pies.

Es en el mismo Lago Salado donde el trazado alcanza su mayor altura. Desde aquel punto, su perfil describe una curva muy prolongada, que desciende hasta el valle del torrente Bicker, para remontar hasta la línea divisoria de las aguas, entre el Atlántico y el Pacífico. Los ríos eran numerosos en aquella montañosa región. Fue preciso franquear con puentes de madera el Muddy, el Green y otros. Passepartout estaba cada vez más impaciente a medida que se acercaban al final. Pero Fix, por su parte, ardía en deseos de verse lejos de aquella accidentada región. Temía los retrasos y los accidentes, y anhelaba, más que Fogg, verse en territorio inglés.

A las diez de la noche, el tren se detuvo en la estación de Forg-Bridger, que abandonó casi enseguida, y veinte millas más lejos penetró en el estado de Wyoming —el antiguo Dakota—, siguiendo todo el valle de Britter, de donde arrancan algunas de las corrientes que forman el sistema hidrográfico del Colorado. Al día siguiente, el 7 de diciembre, hubo una parada de un cuarto de hora en el estación de Green-River. La nieve había caído durante la noche en bastante abundancia, pero, mezclada con la lluvia, estaba a medio fundir y no podía perjudicar la marcha del tren. De todas maneras, aquel mal tiempo no dejó de inquietar a Passepartout, ya que la acumulación de la nieve, al enfangar las ruedas de los vagones, habría comprometido el viaje.

"¡Qué idea —se decía— ha tenido mi amo de viajar en invierno! ¿No podía esperar el verano, en que hay más probabilidades de éxito?

Pero en aquel momento en que el buen muchacho se preocupaba del estado del cielo y del descenso de la temperatura, Aouda experimentaba lo más vivos temores, que provenían de una causa muy diferente.

En efecto, algunos viajeros habían descendido de los vagones y se paseaban por el andén, esperando la salida del tren. De pronto, la bella joven reconoció, a través, del cristal de la ventanilla al coronel Stamp Proctor, el norteamericano que se comportó tan groseramente con Fogg durante el mitin de San Francisco. Aouda, no deseando ser vista, se apartó de la ventanilla. Aquella circunstancia impresionó vivamente a la joven. Se sentía muy ligada al hombre que tan fríamente, le daba muestra de la más absoluta abnegación.

No comprendía, seguramente toda la profundidad del sentimiento que le inspiraba su salvador, sentimiento al cual daba aún el nombre agradecimiento, aunque, sin que ella lo supiera había algo más que eso. Así, su corazón se oprimió al reconocer al grosero personaje a quien Fogg, más tarde o más temprano, quería exigir explicaciones. Evidentemente, el azar había conducido al coronel Proctor a aquel tren, pero allí estaba y era preciso impedir a toda costa que Fogg viese a su adversario.

Aouda, cuando el tren se puso de nuevo en marcha, aprovechó el momento en que Fogg dormía para poner en guardia a Fix y a Passepartout.

—¡Ese Proctor está en el tren! —exclamó Fix—. Pues bien, señora, tranquilícese: se las verá conmigo. Me parece que, en dicho asunto, el que ha recibido los mayores insultos soy yo.

—Y, además —añadió Passepartout—, yo me encargo de él, por muy coronel que sea.

—Señor Fix —continuó Aouda—, Fogg no dejará a nadie el cuidado de vengarlo. Es capaz, según dijo a la sazón, de volver a los Estados Unidos para enfrentarse con su agresor. Si ve al coronel Proctor no podremos impedir un encuentro, que puede tener fatales resultados. Es preciso, pues, que no lo vea.

—Tiene usted razón, señora —contestó Fix—. Un encuentro podría echarlo a perder todo. Vencedor o vencido, Fogg se retrasaría...

—Y esto haría el juego a los señores del Reform-Club —añadió Passepartout—. Dentro de cuatro días estaremos en Nueva York. Pues bien, si durante este tiempo mi amo no sale del vagón, podemos esperar que la casualidad no lo ponga frente a ese maldito norteamericano. Por lo tanto, hemos de impedir que salga.

La conversación fue interrumpida. Fogg se había despertado y contemplaba la campiña a través del cristal empañado por la nieve. Pero, más tarde, y sin ser oído por su amo ni por Aouda, Passepartout dijo al inspector Fix:

—¿Se batiría usted realmente por él?

—Estoy dispuesto a todo para que vuelva vivo a Europa contestó simplemente Fix, en un tono que reflejaba una implacable voluntad.

Passepartout sintió que un escalofrío recorría su cuerpo, pero sus convicciones sobre su amo no mudaron. ¿No existiría algún medio de retener a Fogg en aquel compartimiento a fin de impedir su encuentro con el coronel? Esto no podía ser difícil, dada la índole poco comunicativa del caballero. En todo caso, el inspector de policía creyó haber encontrado un medio, pues, a poco, decía a Phileas Fogg:

—Señor Fogg, ¡qué lentas y largas son las horas en el tren!

—Tiene usted razón, pero pasan —contestó nuestro caballero.

—A bordo —prosiguió el inspector—, usted tenía la costumbre de jugar **whist.**

—Sí —contestó Phileas Fogg—, pero aquí sería difícil. No tengo naipes ni compañeros de juego.

—En cuanto a los naipes, ya encontraremos dónde comprarlos. En todos los vagones norteamericanos venden. En cuanto a los compañeros de juego, si la señora, por casualidad...

—Ciertamente, señor —contestó vivamente la joven—, sé jugar el **Whist.** Esto forma parte de la educación inglesa. —Y yo prosiguió Fix— tengo la pretensión de jugar bastante bien. Por lo tanto nosotros tres prodríamos...

—Como usted quiera, señor —dijo Fogg, encantado de dedicarse, hasta en el tren, a su juego favorito.

Passepartout fue mandado a comprar la baraja, y regresó a poco con dos juegos completos, fichas, tantos y un tablero forrado de paño. No faltaba nada. Empezó el juego. Aouda jugaba bastante bien y hasta recibió algunas felicitaciones del severo Phileas Fogg. En cuanto al inspector, era un jugador de primera clase, digno de enfrentarse con nuestro caballero.

"Ahora —se dijo Passepartout— ya lo tenemos. ¡No se moverá!"

A las once de la mañana el tren llegó a la línea divisoria de las aguas de los océanos. Era en Passe-Bridger, a una altura de siete mil quinientos veinticuatro pies sobre el nivel del mar, uno de los puntos más altos trazados del ferrocarril en su paso a través de las Montañas Rocosas. Doscientas millas más adelante, los viajeros se encontrarían por fin en aquellas vastas llanuras que se extienden hasta el Atlántico y que la naturaleza ha hecho tan apropiada para el establecimiento de una línea férrea.

En la vertiente de la cuenca atlántica corrían ya los primeros ríos, afluentes o subafluentes del North-Plate. Todo el horizonte, del norte al este, estaba cubierto por aquella inmensa cortina semicircular que forma la parte septentrional de las Montañas Rocosas dominadas por el pico de Laramie. Entre esta curva y la línea férrea se extendían grandes llanuras, abundantemente regadas. A la derecha del ferrocarril empezaban las primeras vertientes del macizo montañoso que se redondea hacia el sur hasta el nacimiento del río Arkansas, uno de los grandes tributarios del Missouri.

A las doce y media, los viajeros entrevieron durante unos momentos el fuerte Halleck, que protege aquella comarca. Algunas horas después, la travesía de las Montañas Rocosas habría terminado. Podía esperarse, pues, que ningún accidente señalaría el paso del tren a través de aquella abrupta región. La nieve había cesado de caer y hacía un frío seco. Grandes pájaros, asustados por la locomotora, se perdían en la lejanía. Ninguna fiera, oso o lobo, se mostraba en la llanura. Era el desierto en toda su inmensa desnudez.

Después de un almuerzo bastante copioso, servido en el mismo vagón, y en el momento en que Fogg y sus compañeros disponíanse a continuar su interminable **whist,** se oyeron unos fuertes silbidos. El tren se detuvo.

Passepartout asomó la cabeza por la puerta y no vio nada que motivase aquella parada. No había ninguna estación a la vista.

Aouda y Fix temieron por unos momentos que Fogg decidiera saltar a la vía. Pero el caballero se limitó a decir a su criado:

—Vaya a ver qué sucede.

Passepartout salió del vagón. Unos cuarenta viajeros habían abandonado sus asientos, entre ellos el coronel Proctor. El tren se había detenido frente a una luz roja que cerraba la vía. El maquinista y el revisor habían descendido y discutían acaloradamente con un guardavía que el jefe de estación de Medicine-Bow, la estación más cercana, había mandado al encuentro del convoy. Los viajeros se habían aproximado y tomaban parte en la discusión, entre otros el mencionado coronel Proctor, que hablaba en voz alta y gesticulando enérgicamente.

Passepartout acercóse también y oyó al guardavía que decía:

—¡No! ¡No hay manera de pasar! El puente de Medicine-Bow está desquiciado y no soportaría el peso del tren.

Se trataba de un puente colgante, tendido sobre un rabión, a una milla de distancia del lugar donde se encontraba el convoy. Según el guardavía, amenazaba ruina, pues muchos de los alambres se habían roto y era imposible arriesgar el paso. El guardavía, pues, no exageraba al afirmar que no se podía seguir adelante. Por otra parte, teniendo en cuenta su habitual despreocupación, puede afirmarse que los norteamericanos, cuando se muestran prudentes, es que tienen una razón para ello, y sería una necedad no escucharlos.

Passepartout, que no se atrevía a ir a visitar a su amo, escuchaba con los dientes apretados e inmóvil como una estatua.

—¡Vaya! —exclamó el coronel Proctor—. ¡Me figuro que no nos quedaremos aquí para echar raíces en la nieve!

—Coronel —contestó el revisor—, se ha telegrafiado a la estación de Omaha para pedir un tren, pero no es probable que llegue a Medicine-Bow antes de seis horas.

—¡Seis horas! —exclamó Passepartout.

—Así es —contestó el maquinista—. Por otra parte, este es el tiempo que necesitaremos para llegar a pie hasta la estación.

—Sin embargo, no está a más de una milla de distancia —dijo uno de los viajeros.

—Una milla, en efecto; pero la estación se encuentra al otro lado del río.

—Y este río. ¿no se puede atravesar en barco? —preguntó el coronel.

—Imposible. El torrente viene crecido por las lluvias. Es un rápido; nos veremos obligados a dar un rodeo de diez millas al norte para encontrar un vado.

El coronel empezó a blasfemar contra la Compañía y contra el revisor. Passepartout, furioso, sentíase tentado de corearlo. Había topado con un obstáculo contra el cual nada podían los billetes del banco de su amo.

La contrariedad era general entre los viajeros, que, además del retraso, se verían obligados a nadar unas quince millas a través de la llanura cubierta de nieve. Esto suscitó una batahola de exclamaciones, gritos y vociferaciones, que habría llamado seguramente la atención de Fogg si éste no se hubiese encontrado absorto en el juego. Sin embargo, Passepartout tenía que comunicarle lo que ocurría. Dirigíase, pues, hacia el vagón, con la cabeza agachada, cuando el maquinista, un auténtico yanqui llamado Forster, levantó la voz para decir:

—Señores, tal vez habría una manera de pasar.

—¿Por el puente? —preguntó un viajero.

—Sí.

—¿Con nuestro tren? —preguntó el coronel.

—Sí, con nuestro tren.

Passepartout se detuvo. Parecía devorar las palabras del maquinista.

—Pero el puente amenaza ruina —dijo el revisor.

—No importa —contestó Forster—. Creo que, lanzando el tren a su máxima velocidad, tendríamos algunas probabilidades de pasar.

—¡Diablos! exclamó Passepartout.

Pero cierto número de viajeros se había dejado seducir inmediatamente por la proposición, la cual agradaba particularmente al coronel Proctor. Aquel turbulento espíritu encontraba la cosa muy factible. Incluso recordó que los ingenieros habían tenido la idea de atravesar los ríos "sin puente", con trenes rígidos lanzados a toda velocidad, etc. Y, a fin de cuentas todos los interesados en la cuestión fueron de la opinión del maquinista.

—Tenemos cincuenta probabilidades de pasar —decía uno.

—¡Sesenta! —decía otro.

—¡Ochenta! ¡Noventa por ciento!

Passepartout estaba asombrado, pues aunque sentíase inclinado a efectuar la travesía sobre el torrente, la tentativa le parecía demasiado "norteamericana".

"Por otra parte —pensaba—, hay una cosa más sencilla a hacer, y esa gente no atina en ellos..."

—Señor —dijo en voz alta a uno de los viajeros—, el medio propuesto por el maquinista me parece un poco arriesgado, pero...

—¡Ochenta probabilidades! —le contestó el viajero, volviéndole la espalda.

—¡Ya lo sé! —respondió Passepartout, dirigiéndose a otro viajero—. Pero una simple reflexión...

—¡No hay reflexión que valga! ¡Es inútil! —contestó el norteamericano interpelado, encogiéndose de hombros—. El maquinista asegura que pasaremos.

—Sin duda —prosiguió Passepartout—. Pasaremos, pero sería tal vez más prudente...

—¡Bah! ¡Prudente! —gritó el coronel Proctor, a quien aquella palabra, oída por casualidad, había irritado. Hay que lanzarse a gran velocidad, lo oye usted? ¡A gran velocidad!

—Lo sé..., comprendo... —repetía Passepartout a quien nadie dejaba terminar la frase—. Pero creo que sería, si no más prudente, ya que esta palabra no les gusta, por lo menos más natural...

—¿Quién? ¿Qué? ¿Cómo? ¿Quién está hablando de algo natural? —gritaban de todas partes.

El pobre muchacho no sabía hacia qué lado volverse.

—¿Acaso tiene usted miedo? —le preguntó el coronel Proctor.

—¿Yo miedo? —gritó Passepartout—. ¡Está bien! ¡Sea! Les demostraré que un francés puede ser tan norteamericano como cualquiera de ustedes.

—¡Al tren! ¡Al tren! —gritó el revisor.

—¡Sí, al tren! —repitió Passepartout—. ¡Al tren! ¡Y enseguida! Pero nadie me convencerá de que no hubiera sido más natural pasar primero a pie por el puente y después el tren...

Nadie prestó oídos a esta sabia reflexión. Los viajeros habían vuelto a sus sitios en los vagones. Passepartout se instaló de nuevo en su asiento, sin decir nada de lo que había sucedido. Los jugadores estaban entregados a su whist. La locomotora silbó estrepitosamente. El maquinista invirtió la marcha del tren y retrocedió casi una milla, como el volatinero que toma impulso antes de saltar. Luego, tras un segundo silbido, reemprendió la marcha hacia adelante. Empezó a acelerar y pronto adquirió una velocidad espantosa. Sólo se oía el resoplido de las válvulas de la locomotora; los pistones daban veinte golpes por segundo; los ejes de las ruedas humeaban dentro de las cajas de grasa. Advertíase, por decirlo así, que el tren marchaba a una velocidad de cien millas por hora y que, debido a ello, ya no pesaba sobre los raíles.

¡Y se pasó! Fue como un relámpago. No se vio nada del puente. Puede decirse que el convoy saltó de una orilla a la otra, y el maquinista no consiguió parar su máquina sino hasta cinco millas más lejos de la estación. Pero apenas había el tren cruzado el río, el puente, definitivamente maltrecho, se hundía con gran estrépito en el rápido Medicine-Bow.

# XXIX

*En el que se narran varios incidentes*
*que sólo ocurren en los trenes norteamericanos*

Aquella misma tarde, el tren prosiguió sin obstáculos su camino: rebasó el fuerte Saunders, franqueó el paso de Cheyenne y llegó al de Evans. En este último punto, la línea alcanzaba el nivel más alto de todo el recorrido, o sea, ocho mil noventa y un pies sobre el nivel del océano. Los viajeros no tenían más que descender hasta el Atlántico a través de aquellas llanuras sin límites, niveladas por la naturaleza, Allí se encontraba el "grand trunk", el ramal de Denver, la principal ciudad del Colorado. Este territorio es rico en minas de oro y plata, y cuenta ya con más de cincuenta mil habitantes.

A la sazón llevaban recorridas mil trescientas ochenta y dos millas desde San Francisco, después de tres días y tres noches de marcha. Cuatro días más con sus respectivas noches, bastarían, según todos los cálculos, para llegar a Nueva York. Phileas Fogg se mantenía dentro de los horarios reglamentarios. Durante la noche, dejaron a la izquierda el campamento de Walbah. El arroyo Lodge-Pole corría paralelo a la vía férrea, siguiendo la rectilínea frontera común a los estados de Wyoming y Colorado. A las once, entraron en Nebraska, pasaron cerca de Sedgwick y llegaban a Julesburgh, situado en el brazo sur del río Plate.

En este lugar se inauguró, el día 23 de octubre de 1867, el **Unión Pacific Road,** cuyo ingeniero en jefe fue el general J. M. Dodge. Allí se detuvieron las dos potentes locomotoras con sus nuevos vagones de invitados, entre los cuales se encontraba el vicepresidente

Thomas C. Durant; allí se oyeron las aclamaciones y los sioux y los pawnis efectuaron el simulacro de un combate indio; allí brillaron los fuegos artificiales, y allí, en fin, se publicó, utilizando una imprenta portátil, el primer número del periódico **Railway Pioneer.** De esta manera se celebró la inauguración de aquel gran ferrocarril, instrumento de progreso y de civilización, tendido a través del desierto y destinado a unir ciudades y pueblos que aún no existían. El silbido de la locomotora, más potente que el son de la lira de Anfión, había de hacerlos surgir pronto del suelo norteamericano.

A las ocho de la mañana, el fuerte Mac-Pherson era dejado atrás. Trecientos cincuenta y siete millas lo separaban de Omaha. La vía férrea seguía, por su lado izquierdo, las caprichosas sinuosidades del brazo sur del río Plate. A las nueve, llegaron a la importante ciudad de North-Plate, construida entre los dos brazos de la gran corriente de agua que se junta alrededor de ella para formar una sola arteria, considerable afluente cuyas aguas se confunden con las del Missouri, un poco más allá de Omaha.

El paralelo ciento uno había sido franqueado.

Fogg y sus compañeros habían reanudado el juego. Nadie protestaba por lo largo del viaje. Fix había empezado ganando algunas guineas, que estaba en peligro de perder de nuevo, pero no se mostraba menos apasionado que Fogg.

Durante toda la mañana, la suerte favoreció singularmente al caballero; los triunfos llovían en sus manos. En una ocasión después de haber combinado un audaz golpe, se disponía a jugar espadas, cuando oyó que una voz decía a sus espaldas:

—Yo jugaría oros...

Fogg, Aouda y Fix levantaron la cabeza. El coronel Proctor se hallaba cerca de ellos.

Stamp Proctor y Phileas Fogg se reconocieron enseguida.

—¡Ah! ¿Es usted señor inglés? —dijo el coronel. ¿Es usted quien quiere jugar espadas?

—Y el que las juega —contestó fríamente Fogg, echando un diez del palo.

—Pues bien, quiero que sean oros —respondió el coronel con voz irritada. E hizo un ademán para coger la carta, al tiempo que decía:

—Usted no entiende nada de este juego.

—Quizás seré más hábil en algún otro —dijo Phileas Fogg levantándose.

—Sólo depende de usted probarlo, ¡hijo de John Bull —contestó el grosero personaje.

Aouda se había puesto pálida. Toda su sangre afluyó al corazón. Se cogió al brazo de Fogg, que la rechazó suavemente. Passepartout estaba dispuesto a saltar al cuello del norteamericano, que contemplaba a su adversario de una manera provocativa. Pero Fix se levantó, acercóse al coronel Proctor y le dijo:

—Usted se olvida que es conmigo con quien tiene que vérselas, puesto que no solamente me injurió, sino que me golpeó.

—Señor Fix —dijo Fogg—, le pido perdón, pero esto me concierne sólo a mí. Al pretender que me equivocaba al jugar espadas, el coronel me ha inferido una nueva injuria, de la que exijo reparación.

—Cuándo y donde usted quiera —contestó el norteamericano— y con el arma que le plazca.

Aouda intentó en vano retener a Fogg. El inspector trató inútilmente de hacer suya la querella. Passepartout quería echar al coronel por una ventanilla, pero un gesto de su amo lo contuvo. Phileas Fogg salió del vagón, seguido del norteamericano.

—Señor —dijo Fogg a su adversario—, tengo mucha prisa en regresar a Europa y un retraso cualquiera perjudica mucho a mis intereses.

—¿Qué puede importarme a mí eso? —contestó el coronel Proctor.

—Señor —contestó cortésmente Fogg—, después de nuestro encuentro en San Francisco había tomado la decisión de regresar a los Estados Unidos para encontrarlo, una vez arreglados los asuntos que me reclaman en el viejo continente.

—¿De veras?

—¿Acepta usted una cita para dentro de seis meses?

—¿Por qué no dentro de seis años?

—Digo seis meses y seré puntual —contestó Fogg.

—¡Todo eso son excusas! —gritó Stamp Proctor—. O en seguida o nada.

—Bien. ¿Va usted a Nueva York?

—No.

—¿A Chicago?

—No.

—¿A Omaha?

—No le importa. ¿Conoce usted Plum-Creek?

—No. —Respondió Fogg.

—Es la próxima estación. El tren llegará allí dentro de una hora. En diez minutos podemos cambiar algunos disparos.

—Bien —respondió Fogg—. Me apearé en Plum-Creek.

—Y creo que incluso se quedará usted allí —añadió el norteamericano, con una insolencia sin igual.

—¡Quién sabe! —respondió Fogg, y regresó a su vagón, tan frío como de costumbre.

Nuestro caballero empezó a tranquilizar a Aouda diciéndole que los fanfarrones no son de temer. Después rogó a Fix que le sirviera de testigo en el duelo que iba a tener lugar. El inspector no podía rehusar, y Phileas Fogg prosiguió tranquilamente su interrumpido juego, jugando espadas con perfecta calma.

A las once el silbato de la locomotora anunció la proximidad de la estación de Plum-Creek. Fogg se levantó y, seguido de Fix, se dirigió hacia la plataforma del vagón. Passepartout los acompañaba, provistos de un par de revólveres. Aouda se había quedado en el vagón, pálida como una muerta.

En aquel momento, la puerta del otro vagón se abrió y el coronel Proctor apareció, seguido por su testigo, un yanqui de su misma calaña. Pero el instante en que ambos adversarios iban a apearse, el revisor acudió gritando:

—¡No se pueden bajar, señores!

—¿Por qué? —preguntó el coronel.

—Llevamos veinte minutos de retraso y el tren no para aquí.

—Pero debo batirme con el señor.

—Lo siento —contestó el empleado—, pero nos vamos enseguida. ¡Ya suena la campana!

En efecto, la campana sonaba y el tren acababa de ponerse en marcha.

—Estoy verdaderamente desolado, señores —prosiguió diciendo el revisor—. En cualquier otra circunstancia, hubiera sido un placer para mí poderlos complacer. Sin embargo, ya que no han tenido tiempo de batirse aquí, ¿por qué no lo hacen en el tren?

—Quizás esto no convenga al señor —dijo el coronel, con acento burlón.

—Me conviene perfectamente —contestó Phileas Fogg.

"Decididamente, estamos en los Estados Unidos —pensó Passepartout—, y el revisor es un perfecto caballero.

Y siguió a su amo.

Ambos adversarios y sus testigos, precedidos por el revisor, se dirigieron, pasando de un vagón a otro, al último de ellos, ocupado solamente por unos diez pasajeros. El revisor les pidió que dejaran el campo libre, pues había dos caballeros que tenían que resolver un asunto de honor. Los viajeros, dichosos de poder hacer un favor a los dos caballeros, se retiraron a los corredores.

Aquel vagón, de unos cincuenta pies de largo, se prestaba magníficamente a las circunstancias. Los dos adversarios podían avanzar entre los bancos y disparar a placer. Jamás se concertó un duelo con tanta facilidad. Fogg y el coronel Proctor, provisto cada uno de dos revólveres de seis tiros, entraron en el vagón. Sus testigos, que permanecían en el exterior, los encerraron en el vagón. Al primer silbido de la locomotora, debían empezar el fuego... Pasados dos minutos, se sacaría del vagón lo que quedara de los dos combatientes.

Nada podía ser más sencillo, en verdad. Y lo era tanto, que Fix y Passepartout sentían latir sus corazones como si fueran a romperse.

Se esperaba, pues, el silbido convenido, cuando de repente empezaron a oírse gritos salvajes, acompañados de detonaciones, pero que no procedían del vagón de los duelistas. Por el contrario, aquellas detonaciones se extendían de un extremo al otro del convoy. Gritos de horror se oían en el interior de los vagones. El coronel Proctor y Fogg, revólver en mano, salieron enseguida de su vagón y se precipitaron hacia la parte delantera, donde los gritos y el tiroteo eran más fuertes. Habían comprendido que el tren era atacado por una partida de sioux.

Aquellos audaces indios eran novatos; más de una vez habían atacado los trenes. Siguiendo su costumbre, sin esperar que el tren se detuviera, se lanzaron a los estribos en número de un centenar y escalaron los vagones como hubiera podido hacerlo un acróbata al saltar sobre un caballo.

Los indios iban provistos de fusiles. De ahí las detonaciones, a las cuales los viajeros, casi todos armados, contestaban con tiros de revólver. Al principio, los indios asaltaron la máquina. El maquinista y el fogonero habían sido derribados a golpes de rompecabezas. Un jefe sioux, queriendo parar el tren pero no sabiendo manejar el regulador, había abierto la válvula del vapor, en vez de cerrarla, y la locomotora, sin gobierno, corría a una velocidad tremenda.

Al mismo tiempo, los sioux habían invadido los vagones; corrían como monos furiosos por los pasillos, derribaban las puertas y luchaban cuerpo a cuerpo con los pasajeros. El furgón de equipajes fue saqueado y los bultos arrojados a la vía. Los gritos y los disparos no cesaban.

Sin embargo, los viajeros se defendían con valor. Algunos vagones sostenían un verdadero sitio, como si se tratase de fuertes ambulantes, llevados a una velocidad de cien millas por hora.

Desde el principio del ataque, Aouda se había comportado valerosamente. Empuñando el revólver, se defendía heroicamente, disparando a través de los cristales rotos cuando algún indio asomaba la cabeza. Una veintena de sioux, mortalmente heridos habían caído sobre la vía, y las ruedas de los vagones aplastaban como gusanos a los que se deslizaban sobre los raíles desde las plataformas. Algunos pasajeros, gravemente heridos por las balas o los rompecabezas, gemían en los bancos.

Se hacía necesario poner término a la lucha. Duraba desde hacía más de diez minutos y terminaría en favor de los sioux si el tren no conseguía detenerse. En efecto, la estación del fuerte Kearny se encontraba a sólo diez millas de distancia. Allí se encontraba un destacamento norteamericano, pero una vez pasado el fuerte, hasta la estación siguiente, los sioux se habrían hecho dueños del tren.

El revisor se batía al lado de Fogg. Al caer, derribado por un balazo, exclamó:

—¡Estamos perdidos! ¡Es preciso que el tren se detenga antes de cinco minutos!

—¡Se detendrá! —dijo Fogg, disponiéndose a salir del vagón.

—Quédese aquí, señor —le gritó Passepartout—. Eso corre de mi cuenta.

Phileas Fogg no tuvo tiempo de detener al valeroso muchacho, el cual, abriendo una puerta sin ser advertido por los indios, consiguió deslizarse bajo el vagón. Y mientras la lucha continuaba, mientras las balas se cruzaban por encima de su cabeza, Passepartout, recobrando su antigua ligereza y habilidad de gimnasta, deslizándose por debajo de los vagones, agarrándose a las cadenas, ayudándose con las palancas de los frenos, rastreándose de un vagón a otro con una destreza maravillosa, pronto llegó a la parte delantera del tren. No lo vio nadie.

Allí, suspendido con una mano entre el vagón de los equipajes y el ténder, desenganchó las cadenas de seguridad; pero a consecuencia de la tracción, no hubiera conseguido separar la barra de enganche si una sacudida de la locomotora no la hubiese hecho saltar, tras lo cual, el tren desenganchado, se fue rezagando, mientras que la locomotora desaparecía animada de una mayor velocidad. Llevado por la fuerza adquirida, el tren todavía corrió durante unos minutos, pero los frenos fueron maniobrados desde el interior de los vagones y el convoy se detuvo a menos de cien pasos de la estación de Kearney.

Los soldados, atraídos por las detonaciones, acudieron rápidamente. Los sioux, sin embargo, no los esperaron: antes de que el tren se detuviera por completo, toda la banda había huido.

Pero cuando los viajeros se encontraron en el andén de la estación, comprobaron que faltaban algunos, entre ellos el valiente francés cuyo valor acababa de salvarlos.

# XXX

## *En el que Phileas Fogg cumple simplemente con su deber*

Tres viajeros, entre ellos Passepartout, habían desaparecido. ¿Habían sucumbido en la lucha? ¿Habían sido hechos prisioneros por los sioux? No era posible saberlo todavía.

Los heridos eran bastante numerosos, pero ninguno de ellos lo había sido mortalmente. Uno de los más graves era el coronel Proctor, que se había batido valientemente y recibió un balazo en la ingle. Fue trasladado a la estación con otros viajeros cuyo estado reclamaba urgentes cuidados.

Aouda se encontraba sana y salva. Phileas Fogg, que no había esquivado la pelea, no tenía ni un solo rasguño. Fix estaba herido en un brazo, pero no de gravedad. Pero Passepartout faltaba, y los ojos de la joven estaban arrasados en lágrimas.

Mientras tanto todos los viajeros habían abandonado el tren. Las ruedas de los vagones estaban manchadas de sangre. De los cubos y los ejes colgaban sanguinolentos pedazos de carne. Sobre la blanca superficie de la pradera, hasta perderse la vista, había largos rastros rojos. Los últimos indios desaparecían hacia el sur, por el lado del río Republican.

Fogg, con los brazos cruzados, permanecía inmóvil. Tenía que tomar una grave decisión. Aouda, cerca de él, lo miraba sin pronunciar palabra... el comprendió aquella mirada.

Si su criado se encontraba prisionero, ¿no debía arriesgarlo todo para rescatarlo de los indios?

—¡Lo encontraré, muerto o vivo! —dijo a Aouda.

¡Ah..., señor Fogg! exclamó la joven, cogiendo las manos de su compañero y cubriéndolas de besos.

—Y lo encontraré vivo, si no perdemos un minuto —añadió Fogg.

Con aquella decisión, Fogg se sacrificaba totalmente. Aquello significaba su ruina. Un solo día de retraso le haría perder el paquebote a Nueva York. Su apuesta estaba irremisiblemente perdida. Pero, frente a su deber, no había vacilado ni un instante.

El capitán que mandaba en el fuerte Kearny se encontraba allí. Sus soldados —un centenar, aproximadamente— estaban preparados para el caso de un ataque de los sioux contra la estación.

—Señor —dijo Fogg al capitán—, han desaparecido tres viajeros.

—¿Muertos? —preguntó el capitán.

—Muertos o prisioneros— contestó Fogg—. Se trata de una incertidumbre que es necesario esclarecer. ¿Piensa usted salir en persecución de los sioux?

—El asunto es grave, señor —dijo el capitán—. Esos indios pueden huir hasta más allá de Arkansas. No puedo abandonar el fuerte que me ha sido confiado.

—Ignoro si puede, señor, pero debe hacerlo.

—Señor —repuso el capitán—, nadie tiene que enseñarme cuál es mi deber.

—Está bien. Iré solo —dijo fríamente Fogg.

¡Usted, señor! —exclamó Fix, que se había aproximado—. ¡Ir solo en persecución de los indios!

—¿Pretende usted que deje perecer a ese desgraciado a quien todos debemos la vida? ¡Iré!

—Pues bien, ¡no irá usted solo! —exclamó el capitán, emocionado a pesar suyo—. ¡No! Tiene usted un corazón valeroso...¡Treinta voluntarios! —gritó, volviéndose hacia sus soldados.

Toda la compañía avanzó en masa. El capitán no tuvo más que escoger entre aquellos valientes. Treinta soldados fueron designados y un viejo sargento se puso a su cabeza.

—Gracias, capitán —dijo Fogg.

—¡Me permite usted que lo acompañe? —pidió Fix al caballero.

—Como usted quiera, señor —le contestó Fogg—. Pero si quiere prestarme un servicio, preferiría que se quedase cerca de Aouda. En el caso de que me sucediera algo...

Una súbita palidez invadió el rostro del policía. ¡Separarse del hombre a quien había seguido paso a paso y con tanta persistencia! ¡Dejarlo aventurarse así en el desierto! Fix clavó su mirada en el caballero y, a pesar de sus prevenciones y del combate que se libraba en su interior, bajó la vista ante aquellos ojos francos y serenos.

—Me quedaré —dijo.

Instantes después, Fogg estrechaba la mano a la joven, le entregó su precioso saco de viaje y partió con el sargento y la pequeña tropa.

Pero antes de partir había dicho a los soldados:

—Amigos míos, hay mil libras para vosotros si salvamos a los prisioneros.

Eran las doce y pocos minutos.

Aouda se había retirado a una estancia de la estación, donde esperaba sola, pensando en Phileas Fogg, en su sencilla generosidad, en su sereno valor. Fogg había sacrificado su fortuna y ahora se jugaba la vida, todo sin un instante de vacilación, por deber, sin frases. A los ojos de la joven, Phileas Fogg era un héroe.

El inspector Fix no pensaba como ella y no podía contener su inquietud. Se paseaba febrilmente por el andén. Fascinado por un momento había recobrado el dominio de sí mismo. Una vez partido Fogg, comprendía la necedad que representaba haberlo dejado marchar. ¡Cómo! ¡Aquel hombre a quien había seguido al rededor del mundo se había separado de él! Su naturaleza le hacía reconvenirse así mismo, acusarse, tratarse como lo había hecho el director de la policía metropolitana al amonestar a un agente cogido en flagrante delito de candidez.

"¡He sido un inepto —pensaba—. El otro le habrá dicho quién soy. ¡Se ha marchado, y no volverá! ¿Dónde volveré a encontrarlo? ¿Cómo he podido dejarme fascinar de esta manera, yo Fix, teniendo en el bolsillo su orden de detención? ¡Decididamente, soy un imbécil!"

De esta manera razonaba el inspector de policía, mientras las horas transcurrían lentamente. No sabía qué hacer. A veces, experimentaba deseos de contárselo todo a Aouda. Pero comprendía cómo sería recibido por la joven. ¿Qué partido tomar? Estaba tentado de partir en persecución de Fogg a través de las vastas llanuras nevadas. No le parecía imposible encontrarlo. Las huellas de los pasos del destacamento estaban aún impresas en la nieve. Pero pronto, tras una nueva nevada, todas las huellas desaparecieron.

Entonces un gran desaliento hizo presa en él. Experimentó un invencible deseo de abandonar la partida. Sin embargo, entonces se le ofreció la ocasión de partir de la estación de Kearny y continuar aquel viaje tan fecundo en contratiempos.

En efecto, hacia las dos de la tarde, mientras caía una copiosa nevada, se oyeron fuertes silbidos que venían del este. Una enorme sombra, considerablemente agrandada por las brumas, que le daban un extraño aspecto, y precedida de un rojizo resplandor, avanzaba lentamente.

No obstante, ningún tren del este era esperado. Los socorros reclamados por teléfono no podían llegar tan pronto, y el tren de Omaha a San Francisco no debía llegar hasta el día siguiente. No se tardó en tener la explicación.

Aquella locomotora, que marchaba con poco vapor, lanzando potentes silbidos, era la que, después de haber sido desenganchada del tren, había continuado su camino a una espantosa velocidad, llevándose al maquinista y al fogonero inanimados. Había corrido así durante algunas millas; después, al agotarse el fuego por falta de combustible, la velocidad había amenguado, y una hora después la máquina se detenía a unas veinte millas de la estación de Kearny.

Ni el maquinista ni el fogonero habían muerto. Después de un prolongado desvanecimiento, volvieron en sí.

La máquina se había detenido. Cuando se vio en medio del desierto, con la locomotora sola, sin vagones enganchados, el maquinista comprendió lo que había sucedido. No pudo adivinar cómo había podido desengancharse la locomotora del convoy, pero no era dudoso, para él, que el tren se encontraba atrás, en espera de auxilio.

El maquinista no vaciló acerca de lo que tenía que hacer. Continuar camino hacia Omaha era lo más prudente; volver al tren, que seguramente los indios estarían saqueando aún, resultaba peligroso... ¡Pero no importaba! Paletadas de carbón y leña fueron arrojados en la caldera; el fuego se reavivó, la presión subió de nuevo y, hacia las dos de la tarde, la máquina regresaba a la estación de Kearny. Era ella la que silbaba en medio de la bruma.

Fue una gran satisfacción para los viajeros ver a la locomotora ponerse a la cabeza del tren. Podrían continuar el viaje, tan desdichadamente interrumpido.

Al ver llegar la máquina, Aouda abandonó la estación y preguntó al revisor:

—¿Va usted a partir?

—Al instante, señora.

—Pero los prisioneros..., nuestros desgraciados compañeros...

—No puedo interrumpir el servicio –contestó el revisor–. Llevamos ya tres horas de retraso.

—¿Y cuándo pasará el otro tren procedente de San Francisco?

—Mañana por la tarde, señora.

—¡Mañana por la tarde! Será demasiado tarde. Hay que esperar...

—¡Imposible! —respondió el revisor— Si desea usted partir, suba a este vagón.

—No partiré —respondió la joven.

Fix había oído aquella conversación. Hacía algunos instantes, cuando no había ningún medio de locomoción, estaba decidido a marchar de Kearney; pero ahora que el tren estaba allí, preparado para la marcha, ahora que no tenía más que ocupar su sitio en el vagón, una fuerza irresistible lo retenía clavado al suelo. El suelo del andén le quemaba los pies; le era imposible marcharse de allí. De nuevo luchó consigo mismo. La cólera del fracaso lo ahogaba y quería luchar hasta el fin.

Mientras tanto, los viajeros y algunos heridos —entre ellos el coronel Proctor, cuyo estado era grave— se habían instalado en los vagones. Oíase el ronroneo de la caldera encendida y los escapes de vapor a través de las válvulas. El maquinista hizo sonar el silbato, el tren se puso en marcha y pronto desapareció, mezclando su blanco humo con el torbellino de la nieve.

El inspector Fix se quedó.

Transcurrieron algunas horas. Reinaba muy mal tiempo y hacía mucho frío. Fix, sentado en un banco de la estación, permanecía inmóvil. Parecía dormir. Aouda, a pesar del viento, salía a cada momento de la habitación que había sido puesta a su disposición. Iba hasta el extremo del andén, tratando de ver a través de la tempestad de nieve, presa del deseo de atravesar aquella bruma que reducía el horizonte en torno a ella, y con el oído alerta a cualquier ruido que pudiera percibirse. Pero nada. Entonces, se retiraba, aterida de frío, para volver a salir al cabo de unos momentos, y siempre inútilmente.

Llegó la noche. El pequeño destacamento no había regresado. ¿Dónde se encontraba en aquellos momentos? ¿Había podido alcanzar a los indios? ¿Había habido lucha, o bien los soldados, perdidos en la bruma, erraban a la ventura? El capitán del fuerte Kearney estaba muy inquieto, aunque procuraba que su inquietud no se trasluciera.

Con la noche menguó la intensidad de la nevada, pero el frío arreció. El hombre más intrépido habría temblado ante aquella sombría inmensidad. Un silencio absoluto reinaba en la llanura. Ni el vuelo de un pájaro, ni la pisada de una fiera, turbaban aquella calma infinita.

Durante toda aquella noche, Aouda, presa de siniestros presentimientos, con el corazón grávido de angustia, erró por el borde de la pradera. Su imaginación la trasladaba a lo lejos y le hacía ver mil peligros. Lo que durante aquellas horas sufrió, no es posible explicarlo.

Fix continuaba inmóvil en el mismo sitio, pero tampoco dormía. En cierto momento, alguien se le acercó y le dirigió la palabra, pero el agente lo despidió, después de responder con un ademán negativo.

Así transcurrió la noche. Al alba, el disco solar empezó a levantarse en un horizonte brumoso. Sin embargo, la mirada podía abarcar unas dos millas de distancia. Fogg y el destacamento se habían dirigido hacia el sur... Pero el sur estaba completamente desierto. Eran las siete de la mañana.

El capitán muy preocupado, no sabía qué partido tomar. ¿Debía enviar un segundo destacamento en socorro del primero? ¿Debía sacrificar más hombres, con pocas probabilidades de salvar a los que ya había sacrificado? Pero su vacilación duró poco. Con un ademán llamó a uno de sus tenientes y le dio la orden de que efectuara un reconocimiento hacia el sur. De súbito, se oyeron disparos, ¿Era una señal? Los soldados se precipitaron fuera del fuerte y, a media milla, divisaron una pequeña tropa que regresaba en perfecto orden.

Fogg marchaba a la cabeza, y a su lado iban Passepartout y los otros dos viajeros rescatados de los sioux.

Había habido un combate a diez millas al sur de Kearney. Instantes después de la llegada del destacamento, Passepartout y sus compañeros luchaban ya contra sus guardianes. El francés había derribado a tres a puñetazos, cuando su amo y los soldados se precipitaron en su ayuda.

Todos, salvadores y salvados, fueron acogidos con gritos de alegría. Phileas Fogg distribuyó entre los soldados la prima que les había prometido, mientras Passepartout, no sin que le asistiera razón, repetía:

—Hay que convenir que cuesto caro a mi amo.

Fix, sin pronunciar palabra, miraba a Fogg. Hubiera sido difícil analizar los encontrados sentimientos que luchaban con él. En cuanto a Aouda, había tomado la mano del caballero y la estrechaba entre las suyas, incapaz de pronunciar palabra.

En cuanto a Passepartout, desde su llegada, había buscado el tren en la estación. Esperaba encontrarlo allí, dispuesto a partir para Omaha, y esperaba que aún sería posible recuperar el tiempo perdido.

—¡El tren! ¡El tren! —gritó.

—Ha partido —contestó Fix.

—¿Y cuándo pasa el siguiente? —preguntó Phileas Fogg.

—Esta tarde.

—¡Ah! —limitóse a contestar el caballero.

# XXXI

## En que el inspector Fix se preocupa muy seriamente de los intereses de Phileas Fogg

Phileas. Fogg llevaba un retraso de veinte horas. Passepartout, causa involuntaria de este retraso, estaba desesperado. ¡Decididamente, había arruinado a su amo!

En aquel momento, el inspector se acercó a Fogg.

—Hablando en serio, señor —le dijo—: ¿tiene usted prisa?

—Mucha.

—Permítame que insista —continuó Fix—. ¿Tiene usted mucho interés en estar en Nueva York el día 11, antes de las nueve de la noche, hora de salida del paquebote de Liverpool?

—Sumo interés.

—Si este viaje no hubiese sido interrumpido por el ataque de los indios, ¿habría usted llegado a Nueva York el 11 por la mañana?

—Sí, con doce horas de adelanto.

—Bien. Así, pues, lleva usted veinte horas de retraso.

Entre veinte y doce, la diferencia es de ocho horas. Se trata de ganar solamente ocho horas. ¿Quiere usted intentarlo?

—¿A pie? —preguntó Fogg.

—No; en trineo —contestó Fix—. En un trineo de vela. Un hombre me ha propuesto este medio de transporte.

Se trataba del hombre que había hablado con el inspector de policía durante la noche y cuya oferta Fix había rehusado.

Phileas Fogg no contestó, pero Fix le señaló al hombre, que se paseaba delante de la estación. Fogg se dirigió a su encuentro. Instantes después, Phileas Fogg y aquel norteamericano, que se llamaba Mudge, entraba en una choza que se levantaba al pie del fuerte Kearney.

Allí, Fogg examinó un singular vehículo, una especie de chasís montado sobre dos largas vigas, algo curvas por delante, como los patines de un trineo, en el cual cabían cinco o seis personas. En el tercio delantero del chasís se eleva un largo mástil en el que se envergaba una gran cangreja. El mástil, sólidamente retenido por obenques metálicos, tenía un estay de hierro que servía para guindar un foque de gran tamaño. En la parte de atrás, una especie de timón de acero en espadillas permitía guiar el aparato.

Como se advierte, se trataba de un trineo aparejado en balandra. Durante el invierno, sobre la helada llanura, cuando los trenes no pueden circular a causa de la nieve, esos vehículos efectúan travesías muy rápidas de una estación a otra. Por otra parte, están muy bien aparejados, tal vez mejor que un balandro, expuesto siempre a zozobrar, y, con viento en popa, se deslizan por la superficie con una velocidad igual, si no superior, a la de un tren expreso.

En pocos instantes se cerró el trato entre Fogg y el patrón de aquella embarcación terrestre. El viento era favorable. Soplaba una fuerte brisa del oeste. La nieve se había endurecido y Mudge se comprometía a trasladar a Fogg a la estación de Omaha en pocas horas. Allí, los trenes son frecuentes y la vías, numerosas, conducen a Chicago y a Nueva York. No era imposible ganar el tiempo perdido.

Había que intentar la aventura.

Fogg, que no quería exponer a Aouda a una travesía al aire libre, con aquel frío, que la velocidad haría más insoportable aún, le propuso que se quedase en la estación de Kearney, bajo la protección de Passepartout. El honrado muchacho se encargaría de conducirla a Europa por una mejor ruta y en condiciones más aceptables. Pero Aouda se negó a separarse de Fogg, y Passepartout se sintió muy feliz con aquella determinación. Por nada del mundo hubiera querido abandonar a su amo, puesto que Fix lo acompañaba.

En cuanto a lo que pensaba el inspector de policía, sería difícil explicar. ¿Había sido minada su convicción por el regreso de Fogg o bien lo reputaba como un consumado bribón, que suponía que, una vez dada la vuelta al mundo, se encontraría a salvo en Inglaterra? Tal vez la opinión de Fix tocante a Phileas Fogg había cambiado ligeramente.

Pero no por ello estaba menos decidido a cumplir con su deber y, más impaciente que todos, deseaba apresurar, por todos los medios que estuvieran a su alcance, el regreso a Inglaterra.

A las ocho, el trineo estaba dispuesto a partir. Los viajeros uno se siente tentado de llamarlos pasajeros— tomaron asiento en él y se envolvieron cuidadosamente en sus mantas. Las dos inmensas velas fueron izadas y, bajo el impulso del viento, el vehículo empezó a deslizarse sobre la nieve helada a una velocidad de cuarenta millas por hora.

La distancia que separa el fuerte Kearney de Omaha es, en línea recta a vuelo de abeja, como dicen los norteamericanos—, de doscientas millas  como máximo. Si el viento continuaba soplando, aquella distancia podía ser recorrida en cinco horas. Si no ocurría ningún accidente, a la una de la tarde el trineo debía llegar a Omaha.

¡Qué travesía! Los viajeros, apretados unos contra otros, no podían hablarse. El frío, aumentado por la velocidad, les hubiera cortado la palabra. El trineo se deslizaba tan suavemente sobre la superficie de la llanura como una embarcación sobre las aguas, con la ventaja de que no había olas. Cuando la brisa llegaba rasando la tierra, parecía que el trineo se levantase del suelo gracias a su velas, vastas alas de una inmensa envergadura. Mudge, al timón, se mantenía en línea recta y, con un golpe de caña, rectificaba las guiñadas a que tendía el vehículo. Se iba a toda vela. El foque no estaba protegido por la cangreja. Un mastelero de gavia y una flecha rendidos al viento acrecentaban la fuerza de las otras velas. No podía calcularse exactamente la velocidad, pero no debía bajar de cuarenta millas por hora.

—Si no sufrimos ninguna avería, llegamos —dijo Mudge.

Y Mudge tenía interés en llegar en el plazo convenido, porque Fogg, fiel a su sistema, lo había engolosinado con una fuerte prima.

La pradera, que el trineo cortaba en línea recta, era llana como el mar. Semejaba un inmenso lago helado. El tren que cruzaba aquella parte del territorio remontaba, de suroeste a noroeste, por Grand Island, Columbus, importante ciudad de Nebraska, Schuyler, Fremont y luego Omaha. En su recorrido, seguía la orilla derecha del río Platte. El trineo atajando, tomaba la cuerda del arco descrito por el tren. Mudge no podía temer ser retenido por el Platte en el pequeño recodo que hace frente a Fremont, porque sus aguas estaban heladas. El camino, pues, estaba libre de obstáculos, y Phileas Fogg sólo podía temer dos cosas: Una avería en el artefacto o un cambio en la dirección del viento.

Pero la brisa no amainaba. Por el contrario, soplaba con mayor fuerza, hasta doblar el mástil, firmemente sujeto por los obenques de hierro. Aquellas jarcias metálicas, semejantes a cuerdas de un instrumento musical, sonaban como si un arco provocase sus vibraciones. El trineo se elevaba en medio de una armonía plañidera y de una particular intensidad.

—Estas cuerdas dan la quinta y la octava —dijo Fogg.

Y estas fueron las únicas palabras que pronunció durante la travesía. Aouda, cuidadosamente envuelta en las pieles y las mantas de viaje, estaba, dentro de lo posible, guardada del frío. Por lo que se refiere a Passepartout, cuyo rostro aparecía más rojo que el disco solar cuando desaparece envuelto en brumas, respiraba a pleno pulmón aquel aire penetrante. Con el fondo imperturbable de esperanza que poseía, se había decidido a esperar. En vez de llegar por la mañana a Nueva York, llegarían por la tarde, pero aún había esperanzas de tomar el paquebote de Liverpool.

Passepartout había experimentado de estrechar la mano de su aliado Fix. No olvidaba que era el mismo inspector que había proporcionado el trineo a Fogg, y, por consiguiente, el único vehículo que podían llegar a tiempo a Omaha. Pero, se ignora en virtud de qué presentimiento, se encerró en su habitual reserva. En todo caso, había una cosa que Passepartout no olvidaría nunca: El sacrificio que Fogg había hecho, sin vacilar, para arrancarlo de manos de los sioux. En ello, Fogg había arriesgado su fortuna y su vida... ¡No! su servidor no lo olvidaría.

Mientras cada uno de los viajeros se entregaba a reflexiones tan diversas, el trineo volaba sobre la inmensa alfombra de nieve. Si atravesaba algunos torrentes, afluentes o subafluentes del río Little Blue, no se notaba. Los campos y las corrientes de agua desaparecían bajo una blancura uniforme. La llanura estaba completamente desierta.

Comprendida entre el **Unión Pacific Road** y el ramal que ha de enlazar Kearney con Saint Joseph, formaba una especie de isla deshabitada. No había allí ni un solo pueblo, ningún puesto avanzado, ningún fuerte. De vez en cuando, pasaba, como si fuera un relámpago, algún árbol en actitud gesticulante, cuyo blanco esqueleto se retorcía bajo la brisa. A veces, bandadas de aves silvestres levantaban el vuelo. Otras, los lobos de las praderas en manadas numerosas, flacos, hambrientos, impulsados por una necesidad feroz, competían en velocidad con el trineo, entonces, Passepartout empuñaba un revólver, dispuesto a hacer fuego contra los más cercanos. Si algún incidente hubiese detenido entonces el trineo, los viajeros, atacados por aquellos feroces carniceros, hubieran corrido un gran peligro. Pero el trineo marchaba perfectamente, no tardaba en ganar terreno y pronto toda la manada aulladora quedaba atrás.

Al mediodía, Mudge conoció por varios indicios, que atravesaban el helado curso del río Platte. No dijo nada, pero tenía ya la seguridad de que veinte millas más lejos se encontraba la estación de Omaha.

Y, en efecto, todavía no era la una, cuando el hábil guía, soltando el timón, se precipitó a arriar y amarrar las velas, mientras el trineo, impulsado por la velocidad desarrollada, franqueaba todavía media milla a palo seco. Finalmente, se detuvo, y Mudge señalando un hacinamiento de techos blancos de nieve, dijo:

—Hemos llegado.

¡Había llegado! Habían llegado, en efecto, aquella estación que se comunicaba diariamente con el este de los Estados Unidos con numerosos trenes.

Passepartout y Fix saltaron a tierra y empezaron a moverse para desentumecer sus miembros. Ayudaron a Fogg y Aouda a descender del trineo. Phileas Fogg pagó generosamente a Mudge, a quien Passepartout estrechó la mano como a un amigo y todos corrieron hacia la estación de Omaha.

Es en esta importante ciudad del estado de Nebraska donde se detiene el tren del pacífico propiamente dicho, que pone en comunicación la cuenca del Misisipi con el Gran Océano. Para ir de Omaha a Chicago, el ferrocarril, bajo el nombre de **Chicago Rock Island Road,** corre directamente hacia el este y toca en unas cincuenta estaciones.

Un tren directo estaba a punto de partir. Phileas Fogg y sus compañeros sólo tuvieron tiempo de precipitarse en un vagón. No habían visto nada de Omaha, pero Passepartout se confesó a sí mismo que no había motivo de lamentarlo, ya que no era ver ciudades de lo que se trataba.

A gran velocidad, el tren atravesó el estado de Iowa, por Council Bluffs, Des Moines, Iowa City. Durante la noche atravesó el Misisipi por Davenport y, por Rock Island, penetró en Illinois. Al día siguiente, a las cuatro de la tarde, llegaba a Chicago, ya levantado de sus ruinas y más orgullosamente que nunca asentada a orillas del lago Michigan.

Novecientas millas separa Chicago de Nueva York. A aquella no le faltan trenes. Fogg pasó inmediatamente de uno a otro. La brillante locomotora del **Pittsburgh-Fort Wayne Chicago Rail Road** partió a toda velocidad, como si hubiese comprendido que nuestro honorable caballero no tenía tiempo que perder. Atravesó como un rayo Indiana, Ohio, Pennsylvania y Nueva Jersey, pasando por ciudades que llevaban nombres antiguos, algunas de la cuales ya tenía calles y tranvías, pero carecían aún de casas. Por fin apareció el Hudson, y el 11 de diciembre, a las once y cuarto de la noche, el tren se detenía en la estación, del Cunard, llamada también **British and North American Royal Steam Packet Co.**

El **China,** con destino a Liverpool, había partido hacía cuarenta y cinco minutos.

# XXXII

*En el que Phileas Fogg entabla una lucha directa
contra la mala suerte*

Al partir, el **China** parecía haberse llevado consigo la última esperanza de Phileas Fogg.

En efecto, ninguno de los otros paquebotes que efectúan el servicio directo entre los Estados Unidos y Europa, ni los trasatlánticos franceses, ni los buques de la **White Star Line,** ni los vapores de la Compañía Imman ni los de la línea hamburguesa, ni ningún otro podían servir a los planes del caballero.

Efectivamente, el **Pereire,** de la Compañía Trasatlántica Francesa cuyos admirables buques igualan en velocidad y sobrepasan en comodidad a los de las demás líneas, sin excepción, no zarpaba sino hasta el día 14 de diciembre. Y, por otra parte, lo mismo que los de la Compañía hamburguesa, no iba directamente a Liverpoool o a Londres, sino al Havre, y aquella travesía suplementaria del Havre a Southampton, al retrasar a Fogg, habría anulado sus últimos esfuerzos.

Tocantes a los paquebotes de la Compañía Imman, de los cuales uno el **City of Paris,** salía al día siguiente, no se podía contar con ellos. Aquellos buques están destinados con preferencia al trasporte de emigrantes; sus máquinas son débiles, navegan tanto a vela como a vapor y su velocidad es mediocre. En la travesía de Nueva York a Inglaterra empleaban más tiempo del que podía disponer Fogg para ganar a apuesta.

De todo esto, nuestro caballero se informó cabalmente cansultando su **Bradshaw,** que le proporcionaba, día por día, los movimiento de la navegación transoceánica.

Passepartout estaba aniquilado. El haber perdido el paquebote por cuarenta y cinco minutos de retraso lo tenía desesperado. ¡Y era por culpa suya, pues en vez de ayudar a su amo no había cesado sembrar obstáculos en su ruta! Cuando evocaba todos los incidentes del viaje, cuando calculaba las sumas gastadas por nada, y por culpa suya, cuando pensaba que aquella importante apuesta, a la que había que juntar los importantes gastos de aquel inútil viaje, arruinaba completamente a Fogg, se abrumaba así mismo de injurias.

Fogg, por su parte, no le hizo ningún reproche. Al salir del muelle donde estaban atracados los paquebotes, sólo le dijo lo siguiente:

—Ya veremos mañana. ¡Vamos!

Fogg, Aouda, Fix y Passepartout atravesaron el Hudson en el **Jersey City Ferryboat** y subieron a un fiacre, que los condujo al hotel San Nicolas, en Broadway. Pasaron la noche en sus respectivas habitaciones; una noche que fue muy corta para Fogg, que dormía siempre perfectamente, pero que transcurrió con suma lentitud para Aouda y sus compañeros, a quienes la agitación no les permitía descansar.

Al día siguiente, 12 de diciembre, faltaban nueve días y trece horas para que venciese el término concertado en la apuesta. Si Fogg hubiese partido la víspera a bordo del **China,** que era unos de los buques más rápidos de la Cunard, habría llegado a Londres sin retraso.

Fogg salió sólo del hotel, después de haber recomendado a Passepartout que lo esperase y de prevenir a Aouda que estuviese preparada para partir. Fogg se encaminó a orillas del Hudson y, entre los navíos amarrados al muelle o anclados al río, buscó cuidadosamente los que estuviesen a punto de zarpar. Algunos barcos tenían izada la bandera de partida y se disponían a hacerse a la mar aprovechando la marea matinal, pues en el inmenso y admirable puerto de Nueva York no hay día en que más de un centenar de buques no partan para todos los puntos del globo. Pero la mayoría eran barcos de vela, cosa que no convenía a Fogg.

Nuestro caballero parecía fracasar en su última tentativa, cuando advirtió, anclado delante de la Batterie, a un cable de distancia, un buque de carga, con hélice, de finas líneas, cuya chimenea humeante indicaba que se disponía a zarpar.

Fogg subió a un bote y, tras una cuantas remadas se encontró junto a la escala del **Henrietta,** vapor de casco de hierro y puentes de madera.

El capitán del **Henrietta** se hallaba a bordo. Phileas Fogg subió al puente y preguntó por el capitán. Este se presentó en seguida.

Era un hombre de unos cincuenta años, una especie de lobo de mar, de aspecto gruñón y que debía ser difícil de tratar. Tenía los ojos grandes, tez de color de cobre oxidado, pelo rojo y recia contextura. Nada en él indicaba que se tratase de un ser sociable.

—¿El capitán? —Preguntó Fogg.

—Soy yo.

—Yo soy Phileas Fogg, de Londres.

—Y yo Andrew Speedy, de Cardiff.

—¿Va usted a partir...?

—Dentro de una hora.

—Va usted con destino a...

—Burdeos.

—¿Qué carga lleva?

—Piedras en la bodega. No hay flete. Zarpo con lastre.

—¿Lleva usted pasajeros?

—Nada de pasajeros. Es una mercancía molesta y poco razonable.

—¿Su buque marcha bien?

—Entre once y doce nudos. El **Henrietta** es bien conocido.

—¿Quiere usted transportarme a Liverpool, a mi y a tres personas más?

—¿A Liverpool? ¿Y por qué no a la China?

—¡No!

—¿No?

—No. Parto para Burdeos, y voy a Burdeos.

—¿No importa el precio?

—No importa el precio.

El capitán había hablado en un tono que no admitía réplica.

—¿Pero los armadores del **Henrietta**...? —continuó Phileas Fogg.

—Yo soy el armador —contestó el capitán—. El buque es mío.

—Lo fleto.

—No.

—Se lo compro.

—No.

Phileas Fogg no pestañeó. No obstante, la situación era grave. No ocurría lo mismo en Nueva York que en Hong-Kong, ni el capitán del **Henrietta** era como el patrón de la **Tankadera**. Hasta aquel momento el dinero de Fogg había vencido todos los obstáculos. En aquella ocasión, el dinero fracasaba.

Sin embargo, era preciso encontrar el medio de atravesar el Atlántico en barco, a menos de hacerlo en globo, lo que era muy aventurado y, por otra parte, irrealizable.

Phileas Fogg tuvo una idea, pues dijo al capitán:

—Pues bien, ¿quiere conducirme a Burdeos?

—No. Ni que me pague doscientos dólares.

—Le ofrezco dos mil.

—¿Por persona?

—Por persona.

—¿Y son ustedes cuatro?

—Cuatro.

El capitán Speedy empezó a rascarse la frente, como si hubiese querido arrancarse la epidermis. Por ocho mil dólares sin cambiar de ruta, bien valía la pena dejar a un lado la antipatía que experimentaba contra toda clase de pasajeros. Por otra parte, pasajeros a dos mil dólares, ya no son pasajeros, sino preciosas mercancías.

—Parto a las nueve —dijo simplemente el capitán—, y si ustedes están a bordo...

—A las nueve estaremos a bordo —contestó, no menos simplemente, Fogg.

Eran las ocho y media. Desembarcar del **Henrietta**, subir a un coche, dirigirse al Hotel San Nicolás, recoger a Aouda, Passepartout y hasta el inseparable Fix, a quien ofreció graciosamente el pasaje, fue hecho por nuestro caballero con la calma que no abandonaba en ninguna circunstancia.

En el momento en que el **Henrietta** aparejaba, los cuatro se encontraban a bordo. Cuando Passepartout se enteró de lo que costaría la última travesía lanzó uno de aquellos "¡Oh!" prolongados que recorren toda la escala cromática descendente.

En cuanto al inspector Fix, se dijo, que, decididamente, el Banco de Inglaterra no saldría indemne de aquel asunto. En efecto, a la llegada, y suponiendo que Fogg no arrojase al agua algunos puñados de billetes, más de siete mil libras faltarían en el saco.

# XXXIII

## En el que Phileas Fogg se muestra a la altura de las circunstancias

Una hora después, el **Henrietta,** dejaba atrás la boya luminosa que señalaba la entrada del Hudson, doblaba la punta Sandy Hook y se internaba en el mar. Durante la jornada, costeó Long Island, a la vista del faro Fire Island, y corrió hacia el este.

Al día siguiente, 13 de diciembre, al mediodía, un hombre subió a la pasarela para tomar la altitud. Ciertamente, podría creerse que este hombre era el capitán Speedy. Pues, no. Era Phileas Fogg en persona.

En cuanto al capitán se encontraba encerrado bajo llave en su camarote y profería rugidos que denotaban una cólera lindante con el paroxismo.

Lo que había pasado era muy sencillo... Phileas Fogg quería ir a Liverpool pero el capitán no quería conducirlo allá. Entonces, Phileas Fogg aceptó embarcarse para Burdeos y, a las treinta horas de encontrarse a bordo, había maniobrado tan bien a fuerza de billetes, que la tripulación marineros y fogoneros —tripulación con sus ribetes de contrabandistas y en términos poco amistosos con el capitán—, estaban de su lado. Y he aquí por que Fogg gobernaba el barco en lugar del capitán Speedy, porque el capitán estaba encerrado en su camarote y por qué, en fin, el Henrietta se dirigía a Liverpool. Se advertía claramente, al ver maniobrar a Fogg que había sido marino.

Ya sabremos, cuando llegue el momento como terminó la aventura. Por ahora, digamos que Aouda se sentía bastante inquieta y no pronunciaba una sola palabra. Fix se encontraba completamente aturdido. En cuanto a Passepartout, encontraba el asunto francamente adorable.

Entre once y doce nudos, había dicho el capitán. Y, en efecto, el **Henrietta** se mantenía en este promedio de velocidad.

Si —¡cuántos "si" quedaban aún!—, si el mar no se encrespaba, si el viento no se desviaba hacia el este, si no se producía ninguna avería, el **Henrietta,** en nueve días, desde el 12 de diciembre al 21, podía franquear las tres mil millas que separaba Nueva York de Liverpool. Cierto es que, al llegar, el asunto del Henrietta, agregado al del Banco podía llevar a Fogg un poco más lejos que lo que era de desearse.

Durante los primeros días la navegación se efectuó en excelentes condiciones. El mar no estaba muy agitado y el viento soplaba del nordeste; fueron desplegadas las velas y el **Henrietta** navegó como un verdadero transatlántico.

Passepartout estaba encantado. La última hazaña de su amo, de la cual no quería ver las consecuencias, lo tenía entusiasmado. La tripulación no había visto nunca un muchacho más alegre y más ágil. Daba mil muestras de amistad a los marineros y los asombraba con sus trucos de acróbata. Les prodigaba los mejores calificativos y las más exquisitas bebidas. Para él, era una tripulación de caballeros y consideraba como verdaderos héroes a los fogoneros. Su buen humor, muy comunicativo, seducía a todos. Había olvidado el pasado, los inconvenientes, el peligro. No pensaba más que en la meta, tan próxima, y a veces temblaba de impaciencia, como si hubiese estado calentado por las calderas del **Henrietta.** A menudo, el digno muchacho daba vueltas alrededor de Fix; lo miraba de una manera muy significativa, pero no le dirigía la palabra, pues ya no existía ninguna intimidad entre los dos antiguos amigos.

Por otra parte, Fix, hay que decirlo, se encontraba completamente desorientado. La conquista del **Henrietta,** el soborno de la tripulación, Fogg maniobrando como un marino consumado, todo esto lo tenía aturdido. ¡Ya no sabía que pensar! Pero, después de todo, un caballero que empieza robando cincuenta y cinco mil libras esterlinas, podía muy bien terminar robando un buque. Y Fix terminó por creer que el **Henrietta** gobernado por Fogg, no iba de ninguna manera rumbo a Liverpool, sino a algún punto del globo donde el ladrón convertido en pirata, se pondría tranquilamente en seguridad. Esta hipótesis, hay que confesarlo, era muy plausible, y el detective empezaba a lamentarse seriamente haberse embarcado en aquel asunto. Por lo que se refiere al capitán Speedy, continuaba vociferando en su camarote, y Passepartout, encargado de atender a su manutención, efectuaba su cometido tomando grandes precauciones. Fogg, por su parte, ni se acordaba de que existía un capitán a bordo.

El día 13 doblaron la punta del banco de Terranova. Aquellos parajes son peligrosos. Sobre todo en invierno en que las nieblas son frecuentes y las ráfagas temibles. Desde la víspera, el barómetro, que había descendido bruscamente, hacía prever un cambio próximo en la atmósfera. En efecto, durante la noche la temperatura se modificó, el frío se hizo más vivo y, al mismo tiempo el viento saltó hacia el sudeste.

Era un contratiempo. Fogg, a fin de no apetecer apartarse de su ruta, no tuvo más remedio que amainar velas y forzar las calderas. A pesar de ello, la marcha del buque disminuyó de velocidad, a consecuencia del estado del mar, cuyas largas olas rompían contra la roda. El **Henrietta** cabeceaba mucho, en detrimento de su velocidad. La brisa se iba convirtiendo en huracán y ya se preveía el caso de que el **Henrietta** no pudiera capearlo. Y si se hacía necesario huir, ello significaría desafiar lo desconocido, con todas sus malas consecuencias.

El rostro de Passepartout se nubló al mismo tiempo que el cielo y, durante dos días, el honrado muchacho fue presa de mortales angustias. Pero Phileas Fogg era un marino audaz que sabía hacer frente al mar, y siguió la ruta fijada, sin bajar la presión de las máquinas. El **Henrietta,** cuando no podía pasar por encima de una ola, pasaba a través de ella, y aunque su puente quedaba barrido por el agua, seguía adelante. A veces, la hélice, al emerger, rodaba en el aire, cuando una potente ola levantaba la popa por encima del oleaje, pero el buque seguía avanzando.

Sin embargo, el viento no arreció tanto como hubiera podido temerse. No fue uno de esos huracanes que pasan a una velocidad de noventa millas por hora. Se mantuvo como viento huracanado, pero, desgraciadamente, sopló con obstinación del sudeste y no permitió que se desplegaran las velas. No obstante, por lo que pronto veremos, hubiera sido muy importante poder ayudarse con las velas.

El 16 de diciembre era el setenta y cinco día de la partida de Londres, es decir el **Henrietta** no llevaba un retraso inquietante. La mitad de la travesía se había efectuado ya y los peores pasos habían sido franqueados. En verano, el éxito hubiera sido seguro. En invierno, se dependía del mal tiempo. Passepartout no se atrevía a abrir la boca. En el fondo, la esperanza persistía, y si el viento fallaba, por lo menos se podía contar con el vapor. Pero, aquel mismo día, el maquinista subió al puente, encontró a Fogg y sostuvo con él una conversación bastante viva. Sin saber por qué —tal vez por un presentimiento—, Passepartout fue presa de una vaga inquietud. Hubiera dado una de sus orejas para oir con la otra lo que se decía. Sin embargo, consiguió atrapar algunas palabras, entre otras las siguientes, pronunciadas por su amo:

—¿Está usted seguro de lo que dice?

—Seguro, señor —contestó el maquinista—. No olvide usted que, desde nuestra partida llevamos todas las calderas encendidas. Si bien teníamos carbón para ir con poco vapor de Nueva York a Burdeos, no tenemos bastante para ir a todo vapor de Nueva York a Liverpool.

—Ya decidiré —contestó Fogg.

Passepartout había comprendido. Una inquietud mortal se apoderó de su ánimo. ¡Iba a faltar el carbón!

"¡Ah! si mi amo para ese golpe —se dijo— decididamente es un gran hombre".

Y al encontrar a Fix, no pudo menos de explicarle la situación.

—Entonces —le respondió el agente, con los dientes apretados—, ¡usted cree que vamos a Liverpool!

—¡Cáspita!

—¡Imbécil! —respondió el inspector, y se marchó, encogiéndose de hombros.

Passepartout estuvo a punto de rechazar como se merecía aquel calificativo, cuya verdadera significación no comprendía; pero se dijo que Fix debía encontrarse muy desanimado, muy humillado en su amor propio, después de haber seguido tan torpemente una falsa pista alrededor del mundo, y lo absolvió.

Y ahora, ¿qué partido tomaría Phileas Fogg? Era difícil de prever. Sin embargo, parece que el flemático caballero había tomado una decisión, porque aquella misma tarde llamó al maquinista y le dijo:

—Active usted las calderas y fuerce las máquina, hasta agotar completamente el carbón.

Instantes después, la chimenea del **Henrietta** vomitaba torrentes de humo.

Así, pues, el buque continuaba marchando a toda velocidad; pero, tal como se había previsto, dos días después, el 18, el maquinista anunció que el carbón no alcanzaría para todo el día.

—Que no se bajen los fuegos —respondió Fogg—. Al contrario: carguen las válvulas. Aquel día hacía las doce, después de haber tomado la altura y calculado la posición del buque, Phileas Fogg hizo llamar a Passepartout y le dio la orden de que fuese a buscar al capitán Speedy. Era como si hubiese ordenado al valiente muchacho de fuera a desencadenar a un tigre. Passepartout descendió por la escotilla diciendo:

—Estará hecho una furia.

Efectivamente, minutos más tarde, en medio de gritos y denuestos, una bomba caía sobre la toldilla. Era el capitán Speedy, que se encontraba a punto de estallar.

—¿Dónde estamos? —Fueron las primeras palabras que pronunció en medio del ahogo de la cólera, y, ciertamente, por poco que el hombre hubiese sido apoplético, allí hubiera acabado.

—¿Dónde estamos? —repitió, con el rostro congestionado.

—A setecientas setenta millas de Liverpool —respondió Fogg, con su calma habitual.

—¡Pirata! —rugió Andrew Speedy.

—Lo he hecho venir, caballero...

—¡Pirata!

—Para rogarle que me venda su buque.

—¡No! ¡Por mil diablos, no!

—Es que me veré obligado a quemarlo.

—¡Quemar mi barco!

—Sí; por lo menos el maderamen, pues carecemos de combustible.

—¡Quemar mi barco! —gritó el capitán Speedy, balbuceando—. ¡Un barco que vale cincuenta mil dólares!

—Ahí tiene sesenta mil —respondió Fogg, ofreciendo al capitán un fajo de billetes.

Esto produjo un efecto prodigioso en el capitán Speedy. No se es norteamericano sin que la contemplación de sesenta mil dólares cause cierta emoción. El capitán se olvidó en un instante de su cólera, de su encarcelamiento y de todas sus quejas contra su pasajero. Su buque tenía más de veinte años. Aquello llevaba todas las trazas de convertirse en un negocio de primer orden. La bomba ya no podía estallar. Fogg le había arrancado la mecha.

—¡Y me quedará el casco de hierro? —preguntó en un tono singularmente meloso.

—El casco y la maquinaria, señor. ¿De acuerdo?

—De acuerdo.

Y Andrew Speedy, cogiendo el fajo de billetes de banco, los contó y los hizo desaparecer en su bolsillo.

Mientras se desarrollaba esta escena, Passepartout se había puesto blanco como el mármol. Fix, por su parte, estaba a punto de sufrir un ataque. Cerca de veinte mil libras gastadas y, por si fuera poco, Fogg abandonaba a su vendedor el casco y la máquina, es decir, casi el valor total del buque. Pero también era verdad que la suma robada al banco ascendía a cincuenta y cinco mil libras.

En cuanto Andrew Speedy se hubo guardado el dinero, Fogg, le dijo:

—Caballero, que todo eso no le extrañe. Ha de saber usted que pierdo veinte mil libras si no estoy de regreso en Londres el 21 de diciembre, a las ocho y cuarenta y cinco de la tarde. Perdí el paquebote de Nueva York y, como usted se negaba a conducirme a Liverpool...

—Y bien hice, ¡por los cincuenta mil diablos del infierno!, puesto que he ganado por lo menos cuarenta mil dólares.

Después, algo más calmado, el capitán agregó:

—¿Sabe usted una cosa, capitán...?

—Fogg.

—Capitán Fogg, tiene usted algo de yanqui.

Y tras haber dedicado a su pasajero lo que él consideraba un cumplido, iba a marcharse, cuando Phileas Fogg le dijo:

—Ahora, ¿el buque me pertenece?

—Desde la quilla hasta los topes de los mástiles; todo lo que es de madera, se entiende.

—Bien. Haga arrancar toda la armadura interior y que con ella se mantenga encendidas las calderas.

Ya podemos suponer la cantidad de madera seca que fue necesario consumirse para mantener las calderas a toda presión. Aquel día desaparecieron la toldilla, la camareta, los camarotes y el entrepuente.

Al día siguiente, 19 de diciembre, fueron quemados los palos, las piezas de armazón carlingas. La tripulación ponía en ello un celo increíble. Passepartout, rajando, cortando y aserrando, hacía el trabajo de diez hombres. Estaba hecho una furia destructora.

El día 20, las calderas devoraban los empalletados, la obra muerta y la mayor parte del puente. El **Henrietta** no era más que un bastimento arrasado, parecido a un pontón.

Pero aquel día divisaron la costa de Irlanda y el faro de Festoner. De todas maneras, a las diez de la noche el buque sólo se encontraba a la vista de Queenstown. Phileas Fogg no disponía más que de veinticuatro horas para llegar a Londres. Y este era el tiempo que necesitaba el **Henrietta** para llegar a Liverpool, incluso marchando a todo vapor, el cual iba a faltar al audaz caballero.

—Señor —le dijo entonces el capitán Speedy, que había terminado por interesarse en sus proyectos—, lo siento de veras. ¡Todo está contra usted! Todavía no hemos llegado frente a Queenstown.

—¡Ah! —dijo Fogg—. ¿Estas luces que avistamos son de la ciudad de Queenstown?

—Sí.

—¿Puede usted entrar en el puerto?

—No antes de tres horas. Tenemos que esperar la plenamar.

—¡Esperemos! —contestó con toda tranquilidad Phileas Fogg, sin dejar traslucir por ninguna expresión de su rostro que, súbitamente inspirado, iba a intentar aún vencer la suerte contraria.

Efectivamente, Queenstown es un puerto de la costa de Irlanda en el cual los transatlánticos que vienen de los Estados Unidos lanzan al pasar las valijas del correo. Estas valijas son llevadas a Dublín en trenes expresos dispuestos siempre para la partida. De Dublín llegan a Liverpool por medio de buques muy rápidos, avanzando así en doce horas a los buques más veloces de las compañías marítimas. Aquellas doce horas que ganaba el correo de América, Phileas Fogg pretendía ganarlas también.

En vez de llegar en el **Henrietta,** al día siguiente por la tarde, a Liverpool, estaría allí al mediodía, y, por consiguiente, tendría tiempo de estar en Londres antes de las ocho y cuarenta y cinco de la tarde.

Hacia la una de la madrugada, el **Henrietta** entraba en el puerto de Queenstown, Phileas Fogg, después de haber estrechado vigorosamente la mano del capitán Speedy, lo dejó sobre el casco raso de su buque, que aún valía la mitad del importe en que lo había vendido.

Los pasajeros desembarcaron sin pérdida de tiempo. Fix, en aquellos momentos, tuvo la feroz idea de arrestar a Fogg. Sin embargo, no lo hizo. ¿Por qué? ¿Qué combate se libraba en su espíritu? ¿Había cambiado de opinión acerca de Fogg? ¿Comprendía al fin que se había equivocado? Sea como fuere, Fix no abandonó a Fogg.

Con él, Aouda y Passepartout, que no se atrevía ni a respirar, subió al tren de Queenstown a la una y media de la madrugada, llegaba a Dublín al amanecer y se embarcaba en uno de aquellos navíos auténticos tubos de acero, todo máquina que, en vez de remontar las olas pasan invariablemente a través de ellas.

A las doce menos veinte del día 21 de diciembre, Phileas Fogg desembarcaba por fin en el muelle de Liverpool. Se encontraba sólo a seis horas de Londres.

Pero en aquel momento, Fix se acercó a él, le puso la mano sobre el hombro y, mostrando su orden de arresto, dijo:

—¿Es usted el señor Phileas Fogg?

—Sí, señor.

—En nombre de la Reina, queda usted detenido.

## XXXIV

En el que Passepartout tiene ocasión de hacer
un atroz juego de palabras, tal vez inédito

Phileas Fogg estaba en la cárcel. Lo habían encerrado en el puesto
de Aduanas de Liverpool, donde debía pasar la noche, en espera de
su traslado a Londres.

En el momento de la detención, Passepartout había intentado
precipitarse sobre el detective. Pero algunos agentes de policía se lo
impidieron. Aouda, asustada por la brutalidad del hecho, como no
sabía nada, nada podía comprender. Passepartout le explicó la situación. Fogg, aquel honrado y valiente caballero, a quien ella debía la vida, estaba detenido como ladrón. La joven protestó contra
aquella acusación, su corazón se indignó y las lágrimas empezaron
a asomar a sus ojos, cuando vio que nada podía hacer, ni intentar
nada, para salvar a su salvador.

En cuanto a Fix, había arrestado al caballero, fuese o no culpable, porque su deber así se lo exigía. La justicia decidiría.

Pero entonces un pensamiento se le ocurrió a Passepartout: el
terrible pensamiento que, decididamente, él era la causa de aquella
desgracia. En efecto, ¿por qué había ocultado aquella aventura a
Fogg? Cuando Fix le reveló su condición de policía y la misión que
le había sido encomendada, ¿por qué tomó la decisión de no advertir a su amo? Este, prevenido, habría sin duda dado a Fix pruebas
de su inocencia, le habría demostrado su error. En todo caso, no habría traído pegado a sus talones, y a expensas suyas, a aquel malhadado agente, cuyo primer cuidado, en el momento en que puso los

pies en territorio inglés, había sido arrestarlo. Pensando en sus faltas y en sus imprudencias el pobre muchacho era presa de grandes remordimientos. Lloraba que daba pena verlo y quería partirse la cabeza contra las paredes. Aouda y él habían permanecido, a pesar del frío, bajo el peristilo de la aduana. Deseaban ver a Fogg una vez más.

En cuanto a nuestro caballero, estaba completamente arruinado, y esto en el momento en que iba a alcanzar su objetivo. Aquella detención lo perdía irremediablemente. Llegado a Liverpool a las doce menos veinte del día 21 de diciembre tenía tiempo hasta las ocho y cuarenta y cinco minutos para presentarse en el Reform-Club, es decir, disponía de nueve horas y quince minutos... y necesitaba seis para alcanzar Londres.

En aquellos momentos, quien hubiese entrado en el puesto de guardia de la aduana hubiera encontrado a Fogg inmóvil, sentado en un banco de madera, imperturbable, sin cólera, No podía saber si estaba resignado a su suerte, pero aquel último golpe, por lo menos en apariencia, no lo había conmovido. ¿Se había creado en él una fuerza irresistible? Se ignora... ¿Qué? ¿Conservaba alguna esperanza? ¿Creía aún en el éxito cuando la puerta de aquella cárcel se había cerrado tras él?

Sea lo que fuere, Fogg había colocado cuidadosamente su reloj sobre su mesa y contemplaba la marcha de las agujas. Ni una palabra se escapaba de sus labios, pero su mirada tenía una singular fijeza.

En todo caso la situación era terrible y podía resumirse así:

A pesar de que era un hombre honrado, Phileas Fogg se encontraba en la ruina.

Sin ser culpable, estaba detenido.

¿Tuvo entonces la idea de fugarse? ¿Probó si en el aposento había alguna salida practicable? ¿Pensó en huir? Es posible, porque, en cierto momento, dio una vuelta por la estancia. Pero la puerta estaba sólidamente cerrada y la ventana protegida por barrotes de hierro. Volvió a sentarse y sacó de su bolsillo el itinerario del viaje. En la línea que decía: 21 de diciembre, sábado, Liverpool", añadió: "Día 80, a las 11.40 de la mañana".

La una sonó en el reloj del edificio de la Aduana, Fogg constató que su reloj avanzaba dos minutos. ¡Las dos! Admitiendo que cogiese un tren expreso en aquel momento, aún podría llegar a Londres y al Reform-Club antes de las ocho y cuarenta y cinco minutos. Una leve arruga surcó su frente.

A las dos y treinta y tres minutos se oyeron rumores en el exterior, seguidos de un estrépito de puertas abriéndose y cerrándose. Se oía la voz de Passepartout y Fix. La mirada de Phileas Fogg brilló.

La puerta de la estancia se abrió y Fogg vio a Aouda, Passepartout y Fix, que se precipitaron hacia él.

Fix estaba sin resuello, con los cabellos en desorden... ¡No podía hablar!

—Caballero —empezó a balbucear..., señor..., perdón... un lamentable parecido... El ladrón ha sido... detenido hace tres días... usted... está en libertad...

¡Phileas Fogg estaba libre! Se acercó al detective, lo miró fijamente, y, haciendo el único movimiento rápido de su vida, encogió los dos brazos y después, con la precisión de autómata, descargó dos puñetazos contra el desventurado inspector.

—¡Bien zurrado! —dijo Passepartout, quien, permitiéndose un cruel juego de palabras, digno de un francés, añadió: ¡He aquí lo que puede llamarse una "buena aplicación de puños de Inglaterra!"

Fix, derribado, no pronunció ni una palabra. Había recibido lo que merecía. A poco, Fogg, Aouda y Passepartout salían de la aduana. Se precipitaron en un coche y, al cabo de algunos minutos, llegaban a la estación de Liverpool.

Phileas Fogg preguntó si había algún tren expreso listo a salir para Londres... Eran las dos y cuarenta y cinco minutos... El expreso había partido hacía treinta y cinco minutos.

Phileas Fogg encargó entonces un tren especial.

Había algunas locomotoras de gran velocidad bajo presión; pero, debido a las exigencias del servicio, el tren especial no pudo abandonar la estación antes de las tres.

A dicha hora, Phileas Fogg, tras haber hablado con el maquinista sobre cierta prima a ganar, comenzó el viaje hacia Londres, en compañía de la joven y de su fiel criado. Era preciso franquear en cinco horas y media la distancia que separa Liverpool de Londres, cosa muy hacedera cuando la vía está libre en todo su recorrido.

Pero hubo retrasos forzosos. Cuando el caballero llegó a la estación, sonaban las nueve menos diez en todos los relojes de Londres.

Phileas Fogg, tras haber realizado aquel viaje alrededor del mundo, ¡llegaba con un retraso de cinco minutos!

Había perdido.

# XXXV

---

### En el Passepartout no se hace repetir dos veces
### la orden que le da su amo

---

Al día siguiente, los habitantes de Saville Row se habrían sorprendido si les hubiesen afirmado que Phileas Fogg había regresado a su domicilio. Tanto las puertas como las ventanas de su casa permanecían cerradas. Ningún cambio podía advertirse en el exterior. En efecto, después de abandonar la estación, Phileas Fogg dio la orden a Passepartout de comprar algunos alimentos y luego se dirigió a su casa.

Aquel caballero había recibido con su impasibilidad habitual el golpe que lo hundía. ¡Arruinado! ¡Y por culpa de aquel torpe inspector de policía! Después de haber andado con paso seguro durante su largo viaje, después de haber salvado mil obstáculos desafiando mil peligros, habiendo tenido todavía tiempo para hacer el bien por el camino, al llegar a puerto fracasaba ante un hecho brutal que no había podido prever y contra el que se encontraba desarmado. ¡Era terrible! De la considerable suma que se había llevado a la partida, sólo le quedaba un resto insignificante. Su fortuna se limitaba a veinte mil libras depositadas en la casa Baring Hermanos, pero las debía a sus colegas del Reform-Club. Después de haber tenido tantos gastos ganar la apuesta no lo hubiera enriquecido, y es posible que no había buscado enriquecerse —siendo como era uno de esos hombres que apuestan por honor—, pero, perdida la apuesta, quedaba totalmente arruinado. Además la decisión del caballero estaba tomada. Sabia perfectamente lo que tenía que hacer.

Una habitación de la casa Saville Row había sido reservada para Aouda. La joven estaba desesperada. Por ciertas palabras pronunciadas por Fogg, había comprendido que éste rumiaba algún funesto proyecto.

Es sabido a qué deplorables extremos se dejan llevar a veces esos monomanías ingleses bajo la presión de una idea fija. Así, Passepartout se dedicó con discreción, a vigilar a su amo. Pero ante todo, el muchacho había subido a su habitación para apagar el mechero que quemaba desde hacía ochenta días. Había encontrado en el buzón una nota de la compañía del gas y pensó que ya era tiempo de atajar aquel gasto del que era responsable.

Transcurrió la noche. Fogg se había acostado, pero ¿había dormido? En cuanto a Aouda, no tuvo un instante de reposo. Passepartout veló, como un perro, junto a la puerta de su amo.

Al día siguiente, Fogg lo llamó y le recomendó en frases muy breves que se ocupase del desayuno de Aouda. Para él, una taza de té y un poco de carne asada sería suficiente. Aouda ya lo disculparía por la comida y la cena, pues necesitaba todo su tiempo para poner orden a sus asuntos. No bajaría, y, sólo por la noche, pediría permiso a Aouda para conversar con ella brevemente.

Passepartout, tras conocer el programa del día, no tuvo más remedio que aceptarlo. Miraba a su amo, quien continuaba impasible como siempre, y no se decidía a salir de la habitación. Tenía el corazón destrozado y le remordía la conciencia, pues se acusaba más que nunca de aquel irreparable desastre. ¡Sí! si hubiese prevenido a Fogg, si le hubiese explicado los proyectos del agente Fix, su amo no habría arrastrado al agente de policía hasta Liverpool, y entonces...

Passepartout no pudo aguantar más.

—Señor Fogg, mi amo —gritó—, ¡maldígame! Es por culpa mía...

—Yo no acuso a nadie —lo interrumpió Fogg con acento tranquilo—. Váyase.

Passepartout salió de la habitación y fue al encuentro de la joven, a quien dio a conocer las intenciones de su amo.

—Señora —añadió—, yo no puedo hacer absolutamente nada. No tengo ninguna influencia sobre el espíritu de mí amo. En cambio, usted, tal vez...

—¿Qué influencia puedo tener yo? —contestó Aouda—. Nadie influye en él. Nunca ha comprendido que mi agradecimiento estaba a punto de desbordarse. No ha leído nunca en mi corazón. Amigo mío, será necesario no abandonarlo ni un instante. ¿Dice usted que ha manifestado el deseo de verme esta noche?

—Sí, señora. Se trata sin duda de arreglar la situación de usted en Inglaterra.

—Esperemos —contestó la joven, pensativa.

Así, durante aquel domingo, la casa de Saville Row permaneció como si estuviera deshabitada y, por primera vez, Phileas Fogg no fue a su club cuando las once y media sonaron en la torre del Parlamento.

¿Y por qué ir al Reform-Club? Sus colegas no lo esperaban. Puesto que la víspera por la tarde, el fatal 21 de diciembre, sábado, a las ocho y cuarenta y cinco, Phileas Fogg no había aparecido en el salón del Reform-Club, había perdido la apuesta. Ni siquiera era preciso dirigirse a casa de su banquero para sacar aquella suma de veinte mil libras. Sus adversarios tenían en las manos un cheque firmado por él, y era suficiente pasar una nota a Baring Hermanos para que las veinte mil libras fuesen anotadas a su crédito.

Fogg no tenía , pues, razón alguna para salir, y no salió. Permaneció en su habitación y puso en orden sus asuntos. Passepartout no cesó de subir y bajar la escalera de la casa de Saville Row. El tiempo no pasaba para el pobre muchacho. Escuchaba, pegado a la puerta de su amo, con lo cual no creía cometer ninguna indiscreción. Miraba por el agujero de la cerradura, y se imaginaba tener derecho a ello. Passepartout temía a cada momento una catástrofe. A veces, pensaba en Fix, pero un cambio se había realizado en su espíritu. No guardaba ningún rencor al agente de policía. Fix se había equivocado como todo el mundo con respecto a Phileas Fogg, y, siguiéndolo y luego procediendo a su detención, no había hecho más que cumplir con su deber, mientras que él... Este pensamiento lo abrumaba y se consideraba como el último de los miserables. en los momentos en que se sentía desgraciado en exceso, llamaba a la puerta de Aouda, entraba en la habitación y se sentaba en un rincón, sin abrir la boca, y miraba a la joven, que seguía pensativa. Hacia las siete y media, Fogg pidió a Aouda si quería recibirlo, y algunos instantes después la joven y él se encontraban solos en la habitación.

Phileas Fogg tomó una silla y se sentó cerca de la chimenea, frente a Aouda. Su rostro no reflejaba ninguna emoción. El Fogg de la partida era el mismo Fogg de la llegada. En él había la misma calma, la misma impasibilidad.

Permaneció callado durante cinco minutos. Después levantó los ojos para mirar a Aouda y dijo:

—Señora, ¿me perdonará por haberla traído a Inglaterra?

—Yo, señor Fogg... —contestó Aouda, con el corazón palpitante.

—Permítame terminar —prosiguió Fogg—. Cuando tuve la idea de llevarla lejos de su país, que se había hecho tan peligroso para usted, yo era rico y contaba con poner una parte de mi fortuna a su disposición. Su existencia habría sido feliz y libre. Ahora estoy arruinado.

—Lo sé señor Fogg —contestó la joven—. A mi vez le pido: ¿Me perdonará usted por haberlo seguido? y..., ¿quién sabe..., haber contribuido retrasándolo, a su ruina?

—Señora, usted no, podía continuar viviendo en la India, y su salvación sólo estaba asegurada si se alejaba lo suficiente para que aquellos fanáticos no pudiesen alcanzarla.

—Así, señor Fogg —prosiguió Aouda—, no satisfecho con haberme arrancado de una muerte horrible, ¿se creyó aún obligado a asegurar mi posición en el extranjero?

—Sí, señora —contestó Fogg—. Pero los acontecimientos se han vuelto contra mí. Sin embargo, de lo poco que me queda le pido permiso para disponer en favor de usted.

—Pero, señor Fogg, ¿qué será de usted? —preguntó Aouda.

—Yo, señora —contestó fríamente Fogg—, no tengo necesidad de nada.

—Pero, señor, ¿cómo se enfrentará usted con su suerte?

—De la manera más conveniente.

—En todo caso —prosiguió Aouda—, la miseria no puede alcanzar a un hombre como usted, sus amigos...

—No tengo amigos, señora.

—Sus parientes...

—No los tengo.

—Entonces, lo compadezco, señor Fogg, pues la soledad es una triste cosa, cuando no se tiene un corazón en el cual desahogar las penas. Dicen que la miseria, soportada entre dos, es más llevadera.

—Tal es el dicho, señora.

—Señor Fogg —dijo entonces Aouda, levantándose y tendiendo su mano al caballero—, ¿quiere usted tener a la vez una pariente y una amiga? ¿Quiere usted casarse conmigo?

Al oir esto, Fogg se levantó a su vez. Había un brillo insólito en sus ojos y un leve temblor en sus labios. Aouda lo miraba. La sinceridad, la lealtad, la firmeza y la dulzura de aquella hermosa mirada de una noble mujer que lo arriesgaba todo para salvar a aquel a quien ella lo debía todo, al principio lo dejaron asombrado y luego lo conmovieron. Cerró los ojos durante un momento, como si quisiera evitar que aquella mirada se hundiese más y más... Al abrirlos, se limitó a decir:

—¡La amo! Sí, en verdad, por lo más sagrado que hay en el mundo, la amo y le pertenezco totalmente.

—¡Ah! —exclamó Aouda, llevándose la mano al corazón.

Passepartout, llamado se presentó en el acto. Fogg tenía aún entre sus manos las de Aouda. Passepartout comprendió al punto de qué se trataba y su ancha cara resplandeció como el sol en el cenit de las regiones tropicales.

Fogg le preguntó si no sería demasiado tarde para ir a avisar al reverendo Samuel Wilson, de la parroquia de Maryle-Bone.

Passepartout, con su mejor sonrisa contestó:

—Nunca es demasiado tarde.

—¿Para mañana lunes? —preguntó Fogg, mirando a la joven.

—¡Para mañana lunes! —contestó Aouda.

Passepartout salió corriendo.

# XXXVI

### En el que Phileas Fogg vuelve a cotizarse en el mercado

Ya es tiempo de contar el cambio que se efectuó en la opinión pública de Inglaterra cuando se supo que el auténtico ladrón del banco –cierto James Strand– había sido detenido el 17 de diciembre, en Edimburgo.

Tres días antes, Phileas Fogg era un criminal perseguido por la policía, pero a la sazón era un honrado caballero que efectuaba matemáticamente su excéntrico viaje alrededor del mundo.

¡Cuánta sensación y ruido en los periódicos! Todas las apuestas en favor o en contra, que habían sido olvidadas, resucitaron como por arte de magia. Todos los compromisos volvían a ser válidas. Todos los compromisos volvían a tener vigencia y, hay que decirlo, las apuestas cobraron una nueva energía. El nombre de Phileas Fogg volvió a cotizarse en el mercado.

Los cinco colegas de nuestro caballero, pasaron, en el Reform-Club, tres días presa de cierta inquietud. ¡Aquel Phileas Fogg, ya olvidado, reaparecía ante sus ojos! ¿Dónde se encontraba en aquellos momentos? el 17 de diciembre —día de la detención de James Strand— hacía setenta y seis días que Phileas Fogg había partido, y no se tenían noticias de él. ¿Había sucumbido? ¿Continuaba su marcha, siguiendo el itinerario convenido? y el sábado, 21 de diciembre, a las ocho y cuarenta y cinco de la tarde, ¿se presentaría como un dios de la puntualidad, en el umbral del salón del Reform-Club.

Renunciamos a describir la ansiedad en que, durante tres días, vivió toda la sociedad inglesa. Se enviaron telegramas a los Estado Unidos, a Asia, pidiendo noticias de Phileas Fogg. De día y de noche se mandaron observadores a la casa de Saville Row... Nada. La misma policía ignoraba qué había sido de Fix, quien se había lanzado tan malhadadamente tras una pista falsa. Lo que impidió que las apuestas se cruzasen en mayor escala. Phileas Fogg, como si fuese un caballo de carreras, llegaba en la última vuelta. Ya no se le cotizaba a cien, sino a veinte, a diez, a cinco, y el anciano paralítico, lord Albermale, lo tomaba a la par. Así el sábado por la tarde, la muchedumbre se apiñaba en Pall Mall y en las calles adyacentes. Semejaba un inmenso agolpamiento de agentes de comercio reunidos permanentemente en las inmediaciones del Reform-Club. La circulación había quedado interrumpida. Se discutía, se disputaba, se gritaban los cambios "del Phileas Fogg", como si se tratase de valores ingleses. La policía a duras penas podía contener a la muchedumbre, y, a medida que se acercaba la hora en que debía llegar Phileas Fogg, la emoción tomaba proporciones inverosímiles.

Aquella tarde, los cinco colegas del caballero se hallaban reunidos desde las ocho en el gran salón del Reform-Club. Los dos banqueros, John Sullivan y Samuel Fallentin, el ingeniero Andrew Stuart, Gauthier Ralph, administrador del Banco de inglaterra, y el cervecero Thomas Flanagan, esperaban, presa de ansiedad.

En el momento en que el reloj del gran señalaba las ocho y veinticinco. Andrew Stuart, levantándose, dijo:

—Señores, dentro de veinte minutos, el plazo convenido entre Phileas Fogg y nosotros habrá expirado.

—¿A qué hora ha llegado el último tren de Liverpool? preguntó Thomas Flanagan.

—A las siete y veintitrés -contestó Gauthier Ralph—, y el siguiente llega a las doce y diez.

—Pues bien, señores —continuó Andrew Stuart—, si Phileas Fogg hubiese llegado en el tren de las siete y veintitrés, se encontraría ya aquí. Por lo tanto, podemos considerar como ganada la apuesta.

—Esperemos, no nos pronunciemos todavía —contestó Samuel Fallentin—. Todos sabemos que nuestro colega es un excéntrico de primer orden. Su puntualidad es bien conocida. Nunca llega demasiado de prisa ni demasiado tarde. Creo que se presentará en último momento, lo cual no me sorprenderá en absoluto.

—Y yo —dijo Andrew Stuart, que estaba tan nervioso como siempre —sólo lo creeré cuando lo vea.

—Efectivamente —prosiguió Thomas Flanagan—, el proyecto de Phileas Fogg era insensato. Cualquiera que fuese su puntualidad, no podía evitar retrasos, y una demora de sólo dos o tres días era suficiente para hacerlo fracasar.

—Hay que advertir, por otra parte —añadió John Sullivan—, que no hemos recibido ninguna noticia de nuestro colega, aunque no faltan estaciones telegráficas en su itinerario.

—¡Ha perdido, señores! —dijo Andrew Stuart—. ¡Ha perdido cien veces! Ustedes saben que el **China,** el único paquebote que podía tomar en Nueva York para llegar a tiempo a Liverpool, arribó ayer. Aquí tengo la lista de los pasajeros, publicada por la **Shipping Gazette.** Pues bien, el nombre de Phileas Fogg no consta en ella. Admitiendo una suerte extraordinaria, nuestro colega debe haber llegado apenas a los Estado Unidos. Calculo en veinte días, por lo menos, el retraso que lleva, y el viejo lord Albermale tendrá que pagar sus cinco mil libras.

—Es evidente —contestó Gauthier Ralph—. Y mañana no tendremos más que presentar en casa de Baring Hermanos el cheque de Fogg.

En aquel momento, el reloj del gran salón señalaba las ocho y cuarenta minutos.

—Aún faltan cinco minutos —dijo Andrew Stuart.

Los cinco colegas se miraban unos a otros. Puede creerse que los latidos de sus corazones habían experimentado una ligera aceleración, porque hasta para los buenos jugadores la apuesta resultaba un poco fuerte. Pero se esforzaban en no dejarlo traslucir, pues, a propuesta de Samuel Fallentin, se sentaron ante una mesa de juego.

—No daría mi parte de cuatro mil libras en la apuesta —dijo Andrew Stuart sentándose— aunque me ofrecieran tres mil novecientos noventa y nueve.

En aquel momento la aguja marcaba las ocho y cuarenta y dos minutos. Los jugadores habían tomado las cartas, pero a cada momento su mirada se dirigía al reloj. Puede afirmarse que, sea cual fuese su seguridad, nunca habían encontrado unos minutos tan largos.

—Las ocho y cuarenta y tres —dijo Thomas Flanagan, cortando la baraja que le presentaba Gauthier Ralph.

Durante un momento reinó el silencio. El vasto salón del club permanecía tranquilo. Pero afuera se oía la batahola de la muchedumbre, de la que, de vez en cuando, surgía un grito aislado. El reloj marcaba los segundos con una regularidad matemática. Cada jugador podía contar las divisiones sexagesimales que herían sus oídos.

—Las ocho y cuarenta y cuatro —dijo John Sullivan, con su acento en el que, a pesar suyo, vibraba la emoción.

Un minuto más, y la apuesta estaría ganada. Andrew Stuart y sus amigos ya no jugaban. ¡Habían abandonado los naipes! ¡Contaban los segundos!

En el segundo cuarenta, nada. En el cincuenta, tampoco.

En el cincuenta y cinco, afuera estalló una especie de truenos, aplausos, hurras y hasta imprecaciones que se propagaron en un rodar continuo. Los jugadores se levantaron.

En el segundo cincuenta y siete, la puerta del salón se abrió, y aún no había el reloj marcado el sexagésimo segundo, cuando Phileas Fogg apareció, seguido de una multitud delirante que había forzado la entrada del club, y, con su voz tranquila, dijo:

—Aquí estoy, señores.

# XXXVII

*En el que se demuestra que Phileas Fogg no ganó
nada en su vuelta alrededor del mundo,
a no ser la felicidad.*

¡Sí, era Phileas Fogg en persona!

Recordaremos que a las ocho y cincuenta minutos de la tarde
—veinticinco horas después de la llegada de los viajeros a Londres—, Passepartout había sido encargado por su amo que avisase
al reverendo Samuel Wilson para cierto casamiento que debía cele-
brarse al día siguiente.

Passepartout, pues, había salido, presa de la mayor alegría. Se
dirigió con paso rápido al domicilio del reverendo Samuel Wilson,
quien aún no había regresado. Naturalmente, Passepartout esperó
por lo menos unos veinte minutos.

En una palabra, eran las ocho y treinta y cinco cuando salió de
casa del reverendo. ¡Pero en qué estado! Los cabellos en desorden,
sin sombrero, corriendo, corriendo como nunca se había visto correr antes, atropellando a los transeúntes, precipitándose como una
tromba en las aceras.

Tres minutos después estaba de regreso a la casa de Saville Row
y caía, perdido del aliento, en la habitación de Fogg. No podía hablar.

—¿Qué pasa? —le preguntó Fogg.

—Mi amo... —balbuceó Passepartout—. El casamiento... es... imposible...

—¿Imposible?

—Imposible... para mañana.

—¿Por qué?

—Porque mañana... es domingo.

—Lunes —rectificó Fogg.

—No... hoy ...es... sábado...

—¿Sábado? ¡Imposible!

—¡Sí, sí, sí, sí! —empezó a gritar Passepartout—. ¡Se ha equivocado usted en un día! ¡Hemos llegado con un adelanto de veinticuatro horas..., pero no quedan más que diez minutos!

Passepartout agarró a su amo por el cuello y lo arrastró con una fuerza irresistible.

Fogg, sacado de aquella manera, sin tiempo para reflexionar, salió de su casa, saltó dentro de un coche, prometió cien libras al cochero y, después de haber aplastado a dos perros y chocado con cinco vehículos, llegó al Reform-Club. El reloj marcaba las ocho y cuarenta y cinco minutos cuando apareció en el gran salón...

¡Phileas Fogg había dado la vuelta la mundo en ochenta días!

¡Phileas Fogg había ganado la apuesta de veinte mil libras !

Y ahora, ¿cómo es posible que un hombre tan exacto en todo, tan meticuloso, hubiese podido cometer aquel error de un día? ¿Por qué creía haber llegado a Londres el sábado, 21 de diciembre, cuando en realidad no era más que viernes, 20 de diciembre, setenta y nueve días solamente después de su partida?

La razón de este error era muy sencilla.

Phileas Fogg, sin sospecharlo, había ganado un día en su itinerario porque había dado la vuelta al mundo hacia el este, y lo habría perdido, por el contrario, si hubiese viajado en sentido inverso, es decir, hacia el oeste.

Efectivamente, marchando hacia el este, Phileas Fogg iba delante del sol y, por lo tanto, los días disminuían para él tantas veces cuatro minutos como grados iba recorriendo en esa dirección. Como hay trescientos setenta grados en la esfera terrestre, dichos grados, multiplicados por cuatro minutos suman exactamente veinticuatro horas, es decir, aquel día ganado sin saberlo. En otros términos, mientras Phileas Fogg, marchando hacia el este, veía pasar el sol ochenta veces por el meridiano, sus colegas de Londres lo veían pasar solamente setenta y nueve. Y de ahí que, aquel mismo día, que era sábado y no domingo, como creía Fogg, sus colegas lo esperaban en el salón del Reform-Club.

Y esto lo hubiese constatado el famoso reloj de Passepartout que había conservado siempre la hora de Londres— si, al mismo tiempo que los minutos y las horas, hubiese señalado los días.

Phileas Fogg había ganado, pues, las veinte mil libras, pero como en el viaje había gastado cerca de diecinueve mil, el resultado económico era menguado. Sin embargo, como ya se ha dicho, el excéntrico caballero no había buscado en la apuesta el lucro, sino la lucha. Y prueba de ello es que repartió las mil libras restantes entre el honrado Passepartout y el desgraciado Fix, a quien era incapaz de odiar. Sin embargo, para no faltar a la regularidad, retuvo de su servidor el precio de las mil novecientas veinte horas de gas consumidas por su culpa.

Aquella misma noche, Fogg, tan impasible y flemático como siempre, decía a Aouda:

—¿Este casamiento continúa siendo de su conveniencia, señora?

—Señor Fogg —respondió la joven—, soy yo quien debe hacerle esa pregunta. Usted estaba arruinado, pero vuelve a ser rico...

—Perdóneme, señora, pero esta fortuna le pertenece. Si usted no hubiese tenido la idea del casamiento, mi criado no hubiera ido a casa del reverendo Samuel Wilson, yo nunca me hubiera dado cuenta de mi error y...

—Querido Fogg... —dijo Aouda.

—Querida Aouda... —contestó Fogg.

Ni que decir tiene, el casamiento se celebró cuarenta y ocho horas después. Passepartout, soberbio magnífico y resplandeciente, figuró como testigo de la joven. ¿No la había salvado acaso, y no se le debía este honor? Pero al día siguiente, al amanecer. Passepartout llamaba ruidosamente a la puerta de su amo. Aquélla se abrió y el impasible caballero apareció.

—¿Qué ocurre, Passepartout?

—Pues que, hace un momento, me enteré de que...

—¿Qué?

—¡Que habríamos podido dar la vuelta al mundo en setenta y ocho días solamente!

—Sin duda —contestó Fogg—. Pero sin atravesar la India. Aunque, si no hubiese atravesado la India, no habría salvado a Aouda, ella no sería mi esposa y...

Y Fogg cerró tranquilamente la puerta.

Así, pues, Phileas Fogg había ganado su apuesta. Había efectuado en ochenta días su viaje alrededor del mundo. Para ello había empleado todos los medios de transporte, paquebotes, trenes, vehículos, yates, buques de carga, trineos y elefantes. El excéntrico caballero había puesto de manifiesto sus maravillosas cualidades de sangre fría y de exactitud. Pero ¿y después? ¿Qué había ganado con su desplazamiento? ¿Qué había sacado del viaje?

¿Nada? Nada, quizás, a no ser una encantadora mujer que aunque parezca mentira— lo hizo el más feliz de los hombres.

En verdad, ¿no haríamos por menos la vuelta al mundo?

# BIOGRAFIA

Julio Verne nació en Nantes (Francia), en el año 1828. Hijo de un a-
bogado burgués y puritano, muy conservador en sus costumbres,
características que proporcionaron no pocos sufrimientos físicos y
morales al escritor cuando era niño, pues las ambiciones paternas
nunca coincidieron con los sueños y propósitos de su hijo.

No sólo del duro carácter paterno surgió la personalidad de
Verne. Su época fue tal vez una de las más agitadas de la vida francesa y de la europa en general. Cuando el futuro escritor nació, el
último de los monarcas absolutos de Europa abdicó a favor del llamado "Rey burgués", Luis Felipe de Orléans, cuyo reinado activó el
comercio y las empresas, convirtiendo la vida en una loca carrera
hacia el enriquecimiento y la formación de las grandes fortunas
francesas. Fue el triunfo definitivo de la burguesía.

Tenía Verne veinte años cuando apareció en alemania el "Manifiesto comunista" de Karl Marx, causa de varios intentos en toda
Europa de ascender al poder una clase: el proletariado. Pero, cuatro
años después, Napoleón III tomó el poder en calidad de Emperador y gobernó a Francia durante 18 años, hasta 1870. Aunque auto-
ritario, realizó importantes obras públicas y se desarrolló una
actividad financiera muy intensa hacia la cual giró la burguesía. París se convirtió en la "Capital del mundo" con el florecimiento de la
economía y de las Bellas artes.

Ya Verne se encontraba en París dos años antes del comienzo
del Imperio de Napoleón III y trabajó en una Bolsa de Comercio.
En 1870 la guerra franco-prusiana hizo abdicar al Emperador. El
proletariado tomó el poder por corto tiempo a consecuencia de los
hechos de la Comuna de París y vino después la Tercera República,
época de la expansión colonial de Francia.

Todo este tiempo de profundas transformaciones en la vida política y económica de su país fue dedicado por Verne al estudio de las disciplinas científica, puesto que había decidido dedicarse a la literatura de anticipación o ciencia-ficción. Aquello lo convirtió en un verdadero profeta de lo que en realidad fue el mundo posterior al de su propio tiempo.

Muchos de los logros científicos de que hemos sido testigos en la segunda mitad de nuestro siglo, parecen calcados de sus novelas, cimentadas en una documentación y en una erudición casi comparable con la del gigante renacentista Leonardo da Vinci.

En esa época de su vida contrajo matrimonio con Honorine de Viane, a quien no amaba, pero representaba al prototipo de la nuera que su padre jamás hubiera querido tener: viuda, con dos hijos, sin la clase y la posición deseables. Con ella tuvo un hijo. El verdadero amor de Verne fue su prima Carolina, quien nunca le correspondió; su rechazo y posterior matrimonio con otro hombre generó su tan conocida misoginia, muy visible en su tratamiento despectivo de los personajes femeninos en sus obras.

Verne fue inventor en la época de los grandes inventos. Creó los recursos tecnológicos y científicos necesarios para el correcto desarrollo de las grandes aventuras narradas en sus novelas, mientras los científicos inventaban y construían en el mundo físico todo aquello que hace más fácil y rápido la vida humana a la vez que le da al hombre un conocimiento más extenso y profundo del universo. Dos años después del nacimiento de Verne se inventó el telégrafo (1830) y luego vino un alud de nuevas técnicas, procedimientos y aparatos: el acero, el globo dirigible, el electrodinamismo, la radio, la dinamita, la fotografía...

La primera novela de este escritor —*Cinco semanas en globo*— fue inspirada precisamente por el vuelo del globo dirigible a través del Canal de Suez, la misma que terminó con sus angustias económicas ( y las de su editor, Jules Hetzel), y marcó la aparición de un nuevo género literario: la ciencia-ficción. Con ella se inició el éxito literario del escritor quien, por fin, consiguió lo más anciado: la popularidad, pues sus obras empiezan a ser difundidas y se traducen a varios idiomas; la riqueza, compañera de viaje que ya no lo abandonará y le dará las oportunidades que nunca tuvo para lanzarse al mundo de la aventura, de la libertad.

Verne fue escritor disciplinado, consagrado por entero a la literatura y al estudio, lo cual se refleja en su inmensa producción: 71 obras narrativas, 4 ensayos, 18 obras teatrales no representadas y 14 representadas, entre estas últimas varios guiones para opereta. Este es el Verne que pocos conocen.

Pero la riqueza no es fortuna. Sus últimos años estuvieron plenos de sufrimientos debido a su invalidez causada por un sobrino, quien en un arranque de locura le hizo un disparo en una pierna, y también por que la diabetes que padecía lo convirtió en un hombre paralítico, casi ciego y sordo, hasta su muerte en el año de 1905 en Amiens.

Sus novelas pueden ser agrupadas en dos clases: la primera y más conocida está constituída por novelas como *Cinco semanas en globo, De la Tierra a la Luna, Veinte mil leguas de viaje submarino, La vuelta al mundo en ochenta días, Viaje al centro de la Tierra, Los hijos del capitán Grant* y *El Chancellor*. Estas son una incursión en el universo, un deseo de conocer el cosmos, mediante la lucha contra riesgos solamente superables por la ciencia y por la voluntad humana.

El segundo grupo corresponde a los temas profundos, donde plantea las razones éticas que influirían en una mejor vida futura, tales como la correcta utilización del conocimiento y el verdadero sentido que se debe dar al concepto de progreso. En este grupo pueden ubicarse sus obras *La esfinge de los hielos o Las maravillosas aventuras de Antifer, La isla de hélice, Norte contra Sur* y *La extraña aventura de la misión Barsac*.